umwelt: technik

Lehrerinformationen

W0309653

Technisches Zeichnen – Technische Kommunikation

Heinrich Brandt

Bearbeitet von
Horst Babendererde
Bernd Höchel
Hartmut Kreienbrink
Uwe Lenz
Heinz Schlüter

Ernst Klett Verlag
Stuttgart Düsseldorf Leipzig

Gliederung des Lehrerheftes

Anmerkungen zu Grundsätzen des Technikunterrichts

Ziele

Obwohl es im deutschsprachigen Raum mehrere konkurrierende Auffassungen von Technikunterricht gibt, kann für den jetzigen Stand der fachdidaktischen Diskussion für alle Ansätze Folgendes festgehalten werden: Technikunterricht soll den Menschen befähigen, sich in der Welt zurechtzufinden und sie zu gestalten. Weil diese Welt nicht mehr ausschließlich naturwüchsig, sondern in starkem Maße technisch geprägt ist, ist dazu vor allem notwendig:

- die Fähigkeit zur realistischen Wahrnehmung der Welt (Analyse von Sachverhalten, z. B. unter den Kategorien: Ursache – Wirkung, Mittel – Zweck)
- die Fähigkeit, zweckangemessen zu handeln (zielorientiert, human, aufwandsökonomisch, ressourcenschonend, ...)
- die Fähigkeit, wertorientiert zu urteilen (Zielprioritäten erstellen, Gewünschtes anstreben, Unerwünschtes vermeiden, ...)

Daraus ergeben sich folgende Zielperspektiven des Technikunterrichts:

Zielperspektiven	
praktisch-handlungsbezogen	Aneignung grundlegender technischer Fähigkeiten und Fertigkeiten
theoretisch-strukturbezogen	Aneignung elementarer Kenntnisse zur Erschließung grundlegender, struktureller Zusammenhänge der Technik
kritisch-wertungsbezogen	Gewinnung grundlegender Einsichten in die persönliche und gesellschaftliche Problematik der Technik sowie die Aneignung elementarer Fähigkeiten in der Beurteilung und Bewertung technischer Mittel und Verfahren
verhaltensbezogen	Förderung der Selbstständigkeit, Teamfähigkeit, Kommunikationsfähigkeit und anderer Schlüsselqualifikationen
berufswahlbezogen	Gewinnung wichtiger Kenntnisse und Erfahrungen für die Berufswahl-vorbereitung im gewerblich-technischen Bereich

Dabei kann der Technikunterricht seine Aufgabe optimal im Rahmen eines Ensembles weiterer Fächer erfüllen (z. B. Gemeinschaftskunde, Geschichte, Mathematik, Naturwissenschaften, Religionsunterricht, Sprachunterricht etc.). Je nach didaktischer Richtung sind die allgemeinen Zielsetzungen unterschiedlich akzentuiert: Liegt bei manchen der Schwerpunkt auf der Analyse von Vorgängen und Sachverhalten, so betonen andere die Gestaltungsfähigkeit von Arbeitswelt oder technischer Kultur.

Inhalte

Die spezifische Aufgabenstellung des Technikunterrichts im Rahmen des gesamten Fachangebots ist die Klärung von Entstehung, Funktion, Verwendung und Bewertung technischer Objekte und Prozesse.

Die **Entstehung** technischer Objekte geschieht aus persönlichen oder gesellschaftlichen Bedürfnissen heraus. Die Art und Weise ihrer Ausgestaltung ist das Ergebnis von Abwägung zwischen widersprüchlichen Zielen (bei Autos z. B. widersprechen sich: Innenraumgröße, Luftwiderstand, Übersichtlichkeit, ..., aber auch: Umweltbelastung und Preis). Technikunterricht klärt darüber auf, dass es keine „richtige" oder „falsche" technische Lösung gibt, sondern zu bestimmten Zeiten für wertvoll erachteten Zielen passende oder weniger passende Lösungen.

Die **Funktion** technischer Objekte basiert auf erkennbaren Regeln und Gesetzen. Die Kenntnis dieser Gesetzmäßigkeiten ermöglicht oft den sinnvollen Einsatz der Objekte, und ihre Kenntnis erleichtert häufig eine rationelle Verbesserung der Objekte. Technikunterricht versucht, an ausgewählten Objekten den Zusammenhang zwischen Funktion, Handhabung und Konstruktion zu verdeutlichen. Der Maßstab für die Auswahl der Inhalte ist durch Anschaulichkeit, Bedeutsamkeit und Lebensnähe festgelegt. Themen sind immer situativ bedingt und sollten einen problemorientierten, exemplarischen Ansatz haben, der die alters- und leistungsspezifischen Möglichkeiten der Schülerinnen und Schüler berücksichtigt. Daher müssen die schulischen Zugangsthemen nicht unbedingt dieselben sein wie die Themen, welche die Technikdiskussion zurzeit bestimmen.

Die **Verwendung** technischer Objekte ist nur im Zusammenhang mit den Bedürfnissen des Einzelnen und der Gesellschaft zu verstehen. Die Folgen des Einsatzes von Technik (erwünschte Folgen, unerwünschte aber in Kauf genommene Folgen, nicht akzeptable Folgen, ...) für mich und andere zu erkennen und zu bewerten, sind Voraussetzungen zum verantwortungsbewussten Umgang mit Technik. Technikunterricht thematisiert daher den ökologischen, ökonomischen, verantwortungs- und sicherheitsbewussten Gebrauch von Technik und sensibilisiert für die Probleme, die aus unerwünschten Technikfolgen entstehen.

Handlungsspielräume des Einzelnen als Nutzer, als Produzent oder auch in seiner Eigenschaft als Nachfrage erzeugender Konsument werden thematisiert und mit schülergerechten Methoden eingeübt.

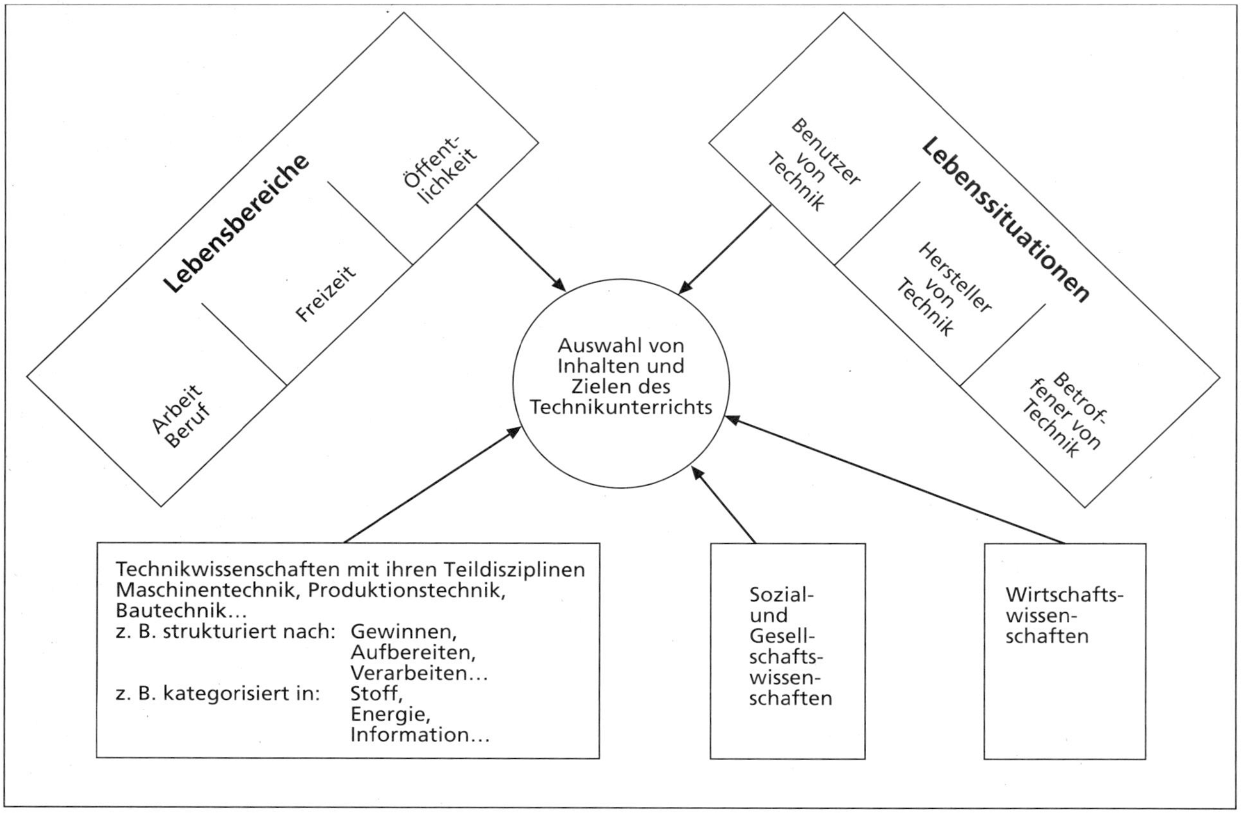

Die Inhalte des mehrperspektivischen Technikunterrichts werden weder allein aus einer fachwissenschaftlichen Systematik hergeleitet noch von zufälligen Situationsimpulsen bestimmt. Die Auswahl der Ziele beruht vielmehr auf einem Abwägungsprozess, der u. a. das Alter, die persönliche und gesellschaftliche Situation der Lernenden und die Struktur der Technikwissenschaften problemorientiert berücksichtigt.

Bei diesem Abwägungsprozess werden von den Befürwortern der mehrperspektivischen Technikdidaktik die folgenden soziotechnischen Problem- und Handlungsfelder als besonders geeignet angesehen:

- Arbeit und Produktion
- Bauen und Wohnen
- Versorgung und Entsorgung
- Transport und Verkehr
- Information und Kommunikation

Methoden

Charakteristische Methoden des Technikunterrichts vermitteln Kenntnisse, Fähigkeiten, Fertigkeiten und Einstellungen. Dabei ist ihre zweifache Funktion von Bedeutung:

- Zum einen erschließt das Vorgehen nach bestimmten Methoden einen von der gewählten Methode beeinflussten Ausschnitt des bearbeiteten Inhalts (Inhaltsorientierung).
- Zum anderen können durch die Auswahl bestimmter Inhalte Methodenkenntnisse vermittelt werden (Methoden- bzw. Prozessorientierung).

In der sich rasch verändernden technischen Welt ist es notwendig, die Methodenkompetenz zu stärken. Da Methoden und Inhalte weder gedanklich noch praktisch voneinander zu trennen sind, ist die Auswahl der Inhalte nie bedeutungslos. Dies gilt auch dann, wenn die Beherrschung von Methoden zum Inhalt des Unterrichts erklärt wird. Je nach didaktischem Ansatz stehen die Inhalte oder die Methoden im Vordergrund. Der zweck- und zielgerichtete Technikunterricht ist in der Lage, techniktypische, finalorientierte Methoden, die der Bewältigung von technischen Problemsituationen und einer Orientierung in einer technisierten Welt dienen, zu vermitteln.

Didaktische Vorüberlegungen

Räumliches Vorstellungsvermögen[1]

Raumvorstellung ist die Fähigkeit, in der Vorstellung räumlich zu sehen und räumlich zu denken.

In unserer von Technik geprägten Welt bedarf es in zunehmendem Maße der Schulung des räumlichen Vorstellungsvermögens. Es beeinflusst nachhaltig unsere Wahrnehmungen und Vorstellungen von unserer Umwelt sowie die Art und Weise der Interaktion mit ihr.

Viele Berufe – vor allem im handwerklichen und industriellen Bereich – setzen diese wichtige und zentrale Fähigkeit voraus.
Das folgende Schaubild gibt einen Überblick über die Komponenten räumlicher Vorstellungen.
Räumliches Vorstellungsvermögen kann bei der Herstellung von Produkten, aber auch durch Lehrgänge zum technischen Zeichnen gefördert und weiterentwickelt werden.
Die einzelnen, nebeneinander aufgeführten Unterteilungen überschneiden sich teilweise.

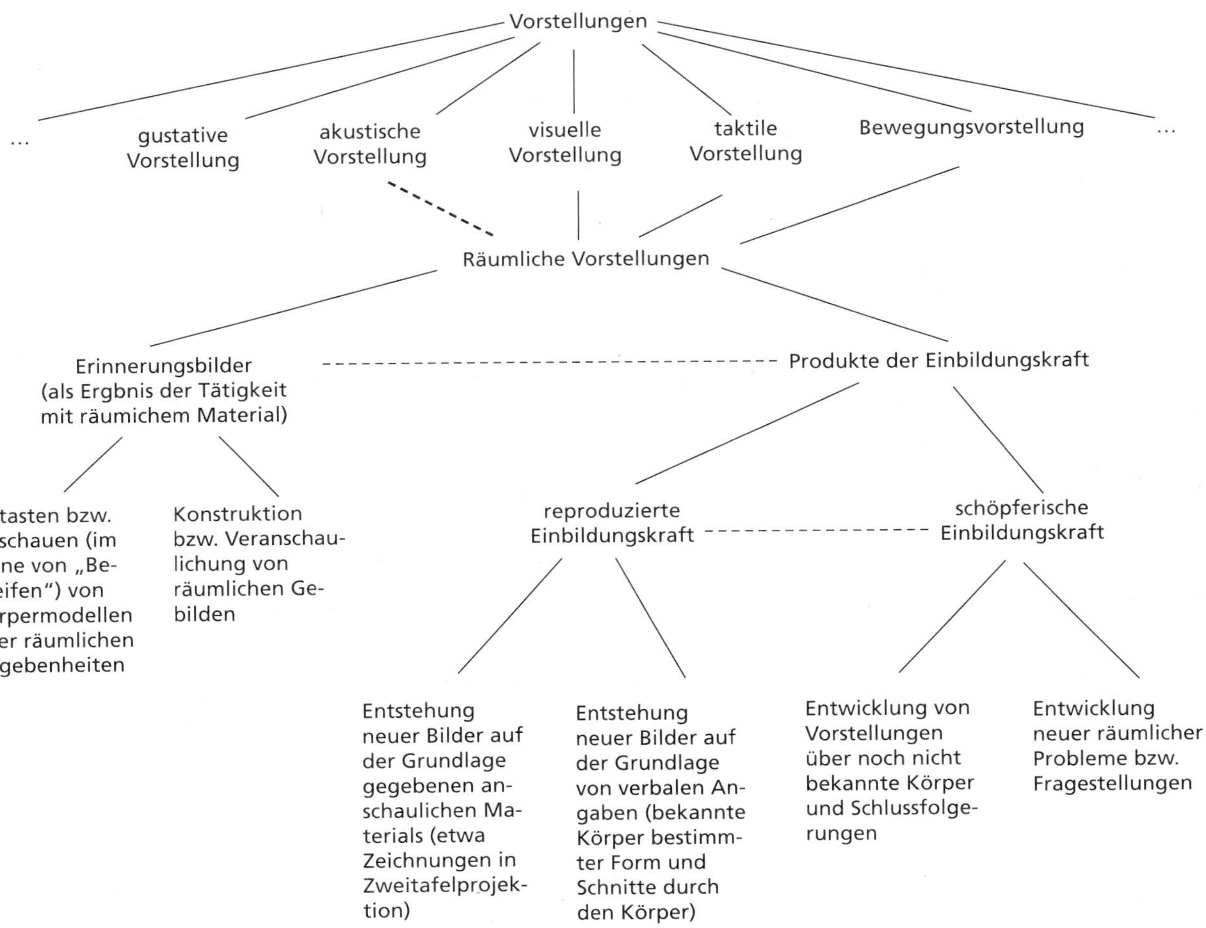

Komponenten räumlicher Vorstellung nach Ilgner

---

[1] Maier, Peter H.: Räumliches Vorstellungsvermögen. Auer Verlag, Donauwörth 1999

Raumvorstellung entwickeln, bedeutet die Förderung einer grundlegenden Fähigkeit zur technischen Kommunikation.
Dieses kann und soll in den allgemeinbildenden Schulen fächerübergreifend erfolgen (s. Rahmenpläne Mathematik, Kunst, Arbeitslehre/Technik, Geografie, Biologie, Physik, Chemie, Deutsch).[2]

Im Fach Arbeitslehre/Technik kann u. a. im Rahmen von projektorientierter Planung, Fertigung und Dokumentation von Produkten mit verschiedenen Werkzeugen und Werkzeugmaschinen eine differenzierte Raumvorstellung ausgebildet werden. Technische Zeichnungen dienen dabei als Hilfsmittel zur technischen Kommunikation.

Technische Zeichnungen müssen in diesem Zusammenhang gelesen und/oder auch angefertigt werden können.
„Um technische Zeichnungen lesen zu können bedarf es der Entwicklung einer differenzierten Raumwahrnehmung und Raumvorstellung. Informationen zur Gestaltung von Werkstücken oder Prozessen, zur Bedienung von Geräten usw. müssen interpretiert und in entsprechende Handlungsstrategien umgesetzt werden können. Das Lesen von komplexen normorientierten Zeichnungen ist aber nicht abhängig von der Fähigkeit, entsprechende Zeichnungen auch anfertigen zu können."[3]

Durch das Anfertigen von technischen Zeichnungen im Unterricht erfolgt der Erwerb einer manuellen Zeichenfähigkeit auf einem gewissen Niveau und damit ein mehr oder weniger stark entwickeltes räumliches Vorstellungsvermögen.

Über die Ausprägung dieser manuellen Zeichenfähigkeit bei Schülerinnen und Schülern der Sekundarstufe I muss nachgedacht werden, weil es CAD-Software für den schulischen Bereich gibt, die das Anfertigen von technischen Zeichnungen auf einem höherem Ausführungsniveau erleichtern.

Qualifikation zur technischen und sprachlichen Kommunikation

„Aufbauend auf eine kommunikationstheoretische Grundlegung nennt Pukas (1988) einen Katalog bedeutsamer Qualifikationen zur technischen und sprachlichen Kommunikation zur fächerübergreifenden Vermittlung in gewerblichen Berufsschulen, der für die Diskussion der allgemeinbildenden Berufsvorbereitung in der Sekundarstufe I sehr aufschlussreich ist."[4]

Qualifikationen zur technischen und sprachlichen Kommunikation

- sachgerechter Umgang mit Fachbüchern
- Auswertung technischer Darstellungen in Teil- und Gesamtzeichnungen
- Falluntersuchungen an prismatischen und zylindrischen Grundkörpern und Modellaufnahmen zur Entwicklung und Schulung des räumlichen Vorstellungsvermögens
- Skizzieren und Zeichnen von Werkstücken mit notwendigen Ansichten und Schnitten einschließlich Bemaßung
- Ändern und Ergänzen von Teil- und Gesamtzeichnungen nach Gesichtspunkten der Funktions-, Fertigungs-, Montage- und Demontagegerechtigkeit, Kostengünstigkeit
- Deuten und Skizzieren von Programmablauf-, Schalt- und Funktionsplänen für mechanisch, pneumatisch, elektrisch gesteuerte Systeme
- Interpretieren, Bewerten, Darstellen von Betriebsdaten
- Erstellen technischer Texte wie Gegenstands- und Funktionsbeschreibungen, Montage-, Demontage-, Reparatur-, Wartungs-, Einstellungs-, Prüfungsanleitungen, entsprechende Berichte und Protokolle
- Beschreiben, Begründen, Planen von Arbeitsabläufen aufgrund von Arbeitsfolgeplänen für Fertigungsteile und Funktionsgruppen, Montage- und Demontageverlaufsplänen
- Erläuterungen der Einsatzmöglichkeiten von CAD-/CAM-Systemen, Hard- und Software, Anwendungsbereiche, Arbeitsmethoden, Darstellungsarten;
- mündliche fachgerechte Verständigung mit Mitarbeitern über Auftragsannahme, zur Einweisung an Geräten, Apparaten, Maschinen, über Bedienungs- und Sicherheitsvorschriften u. a.

---

[2] Meschenmoser, Helmut: Raumvorstellung entwickeln, in: arbeiten und lernen/Technik, Nr. 19 (1995), Seite 7
[3] Meschenmoser, Helmut: Technische Dokumentation im Unterricht, in: arbeiten und lernen/Technik, Nr. 19 (1995), Seite 4
[4] Meschenmoser, Helmut, a. a. O., Seite 5

Der Lehrgang, ein Unterrichtsverfahren des Technikunterrichts

Das technische Zeichnen kann man sowohl neben der schrittweisen Erarbeitung bei der Lösung einzelner Probleme (also problemorientiert) als auch als einen von der unmittelbaren Problemlösung abgekoppelten Kurs betreiben (also lehrgangsorientiert).

Letzteres ist zwar nicht im Sinne der Fachdidaktik – zumindestens nicht als generelle Vorgehensweise –, hat sich aber in der Praxis vielfach als erfolgreich wenn nicht gar als notwendig erwiesen.

Das Themenheft bietet deshalb die Möglichkeit, sowohl am Objekt problemorientiert als auch kursorisch Grundkenntnisse und Kenntnisse des technischen Zeichnens zu erwerben.

„Lehrgänge sind durch genau vorgeplante, nach Schwierigkeitsgraden gestufte Lernsequenzen gekennzeichnet und dienen der rationellen Vermittlung ausgewählter Lehrinhalte."[5]

Der Lehrgang zählt zu den fachspezifischen Unterrichtsverfahren. Mit ihm als informierendes Unterrichtsverfahren können sehr viele inhaltsbezogene fachliche und viele prozessbezogene fachlich-generalisierende Lernziele zeitökonomisch vermittelt werden. Sowohl die verhaltensbezogenen fachübergreifenden als auch die wertungsbezogenen überfachlichen Lernziele sind nur ansatzweise und langfristig erreichbar.

Bei der Entscheidung, den Unterrichtsstoff in einem Lehrgang zu vermitteln ist zu bedenken, dass die Kenntnisse und Fertigkeiten überwiegend rezeptiv wiedergegeben werden und der Weg zur Selbstfindung, Innovation und Emanzipation verstellt wird.

Im Technikunterricht werden in systematisch aufgebauten Lehrgängen die fachlichen Grundlagen für die einzelnen Fachdisziplinen, z. B. der Fertigungs- und der Metalltechnik gelegt.
Dies kann in eigenständiger Form z. B. als Transistorlehrgang oder auch in vorangestellten oder eingeschobenen Lernsequenzen z. B. der Mess- und Anreißlehrgang, der Bohrmaschinenführerschein, für problembezogene Aufgaben oder Projekte erfolgen.

Die Lehrgänge können in verschiedenen Formen durchgeführt werden:
- Die logisch-systematisch und genetisch aufgebauten Lehrgänge betonen den Sachaspekt.
- Die ganzheitlich und sich in konzentrischer Form erweiternden aufgebauten Lehrgänge beachten die Lernweise des Subjekts.
- Der vom „elementaren" Aufbau geprägte Lehrgang versucht eine Synthese der oben genannten Lehrgangsformen.
- Der programmierte Lehrgang ist so kleinschrittig aufgebaut, dass die Lernenden sich unabhängig vom Lehrer das Fachwissen aneignen und ihre Antworten/Lösungen selbst überprüfen können.

Im Lehrgang werden im Allgemeinen die fünf folgenden Phasen durchlaufen:
- Einstieg,
- Vorstellung des Sachgebiets im Überblick,
- Erarbeitung des Sachgebiets in Teilschritten,
- Zusammenfassung des Gelernten,
- Anwendung des Gelernten.

Die technische Kommunikation kann durch Lehrgänge in den verschiedenen Jahrgängen vermittelt werden.
Lehrgänge im technischen Zeichnen erhalten durch systematisch aufgebaute Modellreihen, z. B. vom Lesen von technischen Zeichnungen bis zum Zeichnen von Werkstücken in isometrischer Darstellung, ihre Anschauungsbasis.

Technisches Zeichnen

Technische Zeichnungen sind kein Selbstzweck, sie dienen immer der Kommunikation.

Das verbale Beschreiben eines Werkstücks durch Ertasten und die Zeichnungsanfertigung durch die Schülerinnen und Schüler kann z. B. als Einstieg in das technische Zeichnen gewählt werden. Ebenso könnte man nach der Beschreibung das Werkstück mithilfe von vorgefertigten Bauteilen (Fischertechnik) durch die Schüler und Schülerinnen nachbauen lassen. Um die geometrischen Grundformen einzuüben kann das Werkstück auch verbal und/oder real (Baukastenmodell) „abgebaut" werden (Themenheft Seite 26).

Soll das technische Zeichnen unterrichtsbegleitend, als immanenter Einsatz des Zeichnens bei der Durchführung der Unterrichtsvorhaben vermittelt werden, dann kann man das Zeichnen parallel zur Fertigung durchführen (Zeichnen als Fertigung). Dabei wird vom Halbzeug/Rohling Schritt für Schritt das Material entfernt. Dies erleichtert das Erlernen und zeichnerische Nachvollziehen der Teil- und Bearbeitungsformen, u. a. Nut, Bohrung Durchbruch (siehe Themenheft Seite 26). Baukästen (Fischer Geometrik) oder Software (BAUWAS, LEGOCAD) können hier helfen. Es könnte aber auch das Material von einem Knetgummi- oder Styroporrohling entfernt oder mit realen Werkzeugmaschinen schrittweise das Werkstück angefertigt werden.

Schülerinnen und Schülern mit geringem räumlichen Vorstellungsvermögen kann man mit Plexiglasmodellen die verdeckten Kanten „sichtbar" machen und dann normgerecht zeichnen lassen.

---

5 entnommen aus: Schmayl, W./Wilkening, F.; Technikunterricht, Verlag Julius Klinkhardt, Bad Heilbrunn 1995, S. 155 f.

Empfehlungen und Lösungen zum Arbeitsteil des Themenheftes „Technisches Zeichnen"

Warum das Thema wichtig ist
(Themenheft Seite 4)

Die Fähigkeit zur technischen Kommunikation, die auch die Fähigkeit des Zeichnungslesen beinhaltet, spielt in vielen Lebensbereichen eine bedeutende Rolle.

Das technische Zeichnen beinhaltet also zwei Komponenten, die Zeichenfähigkeit und die Lesefähigkeit.

Skizzen und ausgeführte Zeichnungen, Pläne als Informationsträger dienen der Fertigung von Objekten als Zusammenbauanleitungen (Montage) und sind Gesprächs- und Verhandlungsanlass. In diesen Fällen ist die Fähigkeit des Zeichnungslesen von überragender Bedeutung.

Um lesbare technische Zeichnungen von Schülerinnen und Schülern anfertigen zu lassen, muss deren Zeichenfähigkeit, die auch eine manuelle Fertigkeit ist, geschult werden, weil das Ansetzen des Bleistiftes und das Ausziehen der Linien sowie der gleichmäßige Druck eine bestimmte Feinmotorik voraussetzen. Dies kann nur handlungsorientiert geschehen.

Die Abbildungen 1 bis 3 auf Seite 4 im Themenheft zeigen einen Ausschnitt aus der Entwicklungsgeschichte der technischen Zeichnungen in den letzten 500 Jahren und sollen den Schülerinnen und Schülern die Bedeutung einer sauber ausgeführten Skizze bzw. Zeichnung bewusst machen. Zeichnungen entscheiden oft über den Erfolg eines Produkts.

Was du lernen und üben kannst
(Themenheft Seite 5)

Die im Text für die Adressaten verständlich dargestellten Zieldimensionen werden visuell unterstützt. Die Bilder und Zeichnungen heben auf die technische, die soziale und die ökonomische Dimension des Themas ab.

Durch die Zeichenwerkzeuge, den Computer und den Taschenrechner sollen die Schülerinnen und Schüler mit dem Handwerkszeug der Technischen Zeichner/ Zeichnerinnen bekannt gemacht werden. Der Einsatz von Computer (Software z. B. BAUWAS, u. a. zu beziehen bei www.machmit-multimedia.de, LEGOCAD und CAD-LT) und Zeichenplatte durch die Schülerin und den Schüler soll auf die sinnvolle Nutzung der Zeichenwerkzeuge hinweisen.

Die Darstellung von Werkstücken im Hoch- und Querformat ist als Hinweis auf eine sinnvolle Zeichenflächenaufteilung zu verstehen. Durch die zeichnerische Wiedergabe von Werkstücken in der zweiten (2-D) bzw. in der dritten (3-D) Dimension wird auf die Schulung des räumlichen Vorstellungsvermögens als Ziel der Einheit hingewiesen.

Aufgaben zum Lesen technischer Zeichnungen
(Themenheft Seite 6 bis 10)

Die Schülerinnen und Schüler erfahren, dass technische Zeichnungen als Kommunikationsmittel in der Technik verwendet und in vielen Fachbereichen und alltäglichen Lebenssituationen genutzt werden.
Um Zeichnungen zu verstehen, muss das Zeichnungslesen erlernt werden.

Zeichnungslesen ist das Erkennen und Verstehen der Angaben auf einer technischen Zeichnung.

Einzelzeichnungen weisen folgende Merkmale auf:
- die Form des Gegenstands (Werkstücks) in den notwendigen Ansichten,
- die vollständige Bemaßung und weitere Angaben zur Fertigung,
- ein Schriftfeld mit Benennung, Maßstab, Ordnungsnummer (Zeichnungsnummer), Name des Zeichners, Datum der Anfertigung und Name des Betriebes/der Schule.

Einzelzeichnungen haben folgende Inhalte:
- Die Form ist aus den Ansichten sowie der Benennung zu erkennen.
- Die Größe ist aus den Maßangaben in Verbindung mit dem Maßstab zu erkennen.
- Die sonstige Beschaffenheit ist aus standardisierten Kurzzeichen zu erkennen. Dies sind Oberflächenkennzeichnungen nach DIN ISO 1302, mit der die Oberflächen von Werkstücken funktionsgerecht und international verständlich beschrieben werden sowie Toleranzangaben für die Fertigung nach DIN ISO 2768 und die Form- und Lagetolerierung nach DIN ISO 1101 und nach DIN ISO 2768 T2. Aus den Härteangaben ist der gewünschte Zustand des Werkstücks nach der Wärmebehandlung zu entnehmen (DIN 6773). Werkstückkanten müssen nach DIN 406 oder ISO 13715 bemaßt werden (wird im Themenheft nicht behandelt).

Zusammenbauzeichnungen weisen folgende Merkmale auf:
- Darstellung funktional zusammengehörender Teile,
- Positionsnummern der Teile,
- Schriftfeld mit Benennung des Objekts und Abbildungsmaßstab,
- Stückliste.

Die Ausgangsform bzw. die Umrisse werden als Grundform bezeichnet.
Teilformen sind Einarbeitungen und Ansätze (z. B. Nut, Dorn, ...).

Durch die Aufgaben 3, 4 und 6 bis 10 sollen die visuellen Wahrnehmungsbereiche: Figur – Grundwahrnehmung, Wahrnehmungskonstanz sowie die visuelle Unterscheidung und das visuelle Gedächtnis des räumlichen Vorstellungsvermögens der Schülerinnen und Schüler entwickelt und geschult werden.
Hinweis: Realwerkstücke und das systematische Analysieren und Synthesieren der Formen erleichtern das Lösen der Aufgaben und fördern verstärkt das räumliche Vorstellungsvermögen

Aufgabe 1: Zweck technischer Zeichnungen
Um diese Aufgabe zu lösen, sollten den Schülerinnen und Schülern Materialien des Arbeitsamtes, der Handwerkskammern, etc. zu den Berufsfeldern Bau, Elektro und Metall zur Verfügung gestellt werden. Informationen sind z. B. auch im Internet unter www.berufswahl-nrw.de zu erhalten.

Bild 1 ist den Fachrichtungen Maschinen- und Anlagentechnik oder Stahl- und Metallbautechnik zuzuordnen.
Berufe/Situationen: Mechaniker/Anfertigung eines Maschinenteils oder einer Unterlage

Bild 2 und **Bild 6** gehören zur Fachrichtung Elektrotechnik.
Berufe/Situationen: Lehrer/Physik- oder Technikunterricht, Elektromaschinenbauer/Reparatur, Handwerk und Haushalt

Bild 3 wird in der Fachrichtung Maschinen- und Anlagentechnik ausgeführt.
Berufe/Situationen: Mechaniker/Fehlersuche, Zusammenbau, Wartung

Bild 4 kann für die Fachrichtungen Holztechnik, Maschinen- und Anlagentechnik oder Stahl- und Metallbautechnik stehen, weil keine Werkstoffangabe gemacht worden ist.
Berufe/Situationen: Schreiner, Mechaniker, Freizeithandwerker/Schnellreparatur

Bild 5 ist der Fachrichtung Heizungs-, Klima- und Sanitärtechnik zugehörig.
Berufe/Situationen: Bauberufe/Baustelle, Reparatur durch Gas- und Wasserinstallateure.

Aufgabe 2: Zeichnungen lesen
a) Tellerschleifmaschine.
Die Drehbewegung des Motors zur Schleifscheibe wird durch einen Riementrieb übertragen. Teil 9 ist ein Elektromotor. Teil 7 ist ein verstellbarer Anschlagwinkel, mit dem die Werkstücke winkelgenau geschliffen werden können.
b) Werkstückabmessung: 100 x 30 x 5
Bohrschablone, Befestigungsriegel, …
c) in Physik- und Technikbüchern, Elektro-Katalogen, Fachbüchern
Spannungsquelle (Batterie), Glühlampe, Schalter, Leitungen
Wechselschaltung; durch Betätigen der Schalter kann die Glühlampe ein- oder ausgeschaltet werden.

Aufgabe 3: Raumbilder zuordnen
Die Raumbilder folgender Werkstücke sind gleich:
1, 3, 7
2, 9, 11
4, 5, 8
6, 10, 12

Aufgabe 4: Eckpunkte im Dreitafelbild zuordnen

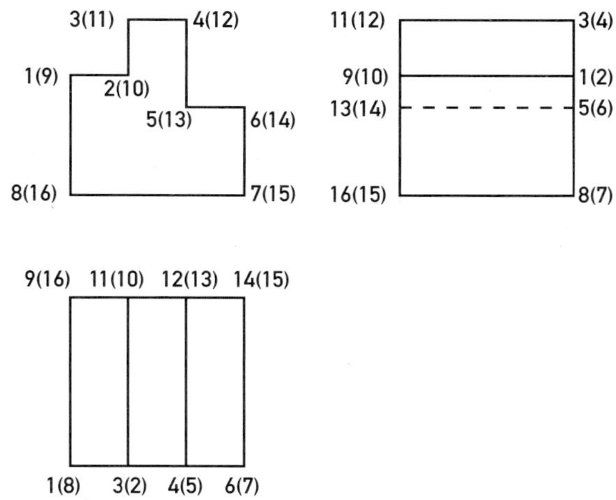

Aufgabe 5: Linienarten erkennen
In dem Dreitafelbild werden die breite Volllinie und die Strichlinie eingesetzt, um das Werkstück darzustellen.
Die breite Volllinie wird für sichtbare Kanten und Umrisse, die Strichlinie wird für verdeckte Kanten verwendet.

Aufgabe 6: Raumbilder und Ansichten zuordnen

R	1	2	3	4	5	6
V	S	A	U	B	E	R
S	G	E	L	Ö	S	T
D	S	P	I	T	Z	E

Aufgabe 7: Dreitafelbilder und Raumbilder zuordnen
Zusammen gehören: A 3, B 1, C 2.

Aufgabe 8: Dreitafelbilder und Raumbilder zuordnen
Zusammen gehören: 1 C, 2 B, 3 D, 4 A.

Aufgabe 9: Einer Ansicht zuordnen
Die Vorderansicht könnte zu den Raumbildern der Werkstücke A, C, D gehören.

Aufgabe 10: Ansichten zuordnen

V	1	2	3	4
S	8	7	5	6
D	11	10	12	9
PZ	20	19	20	19

Aufgaben zum technischen Zeichnen
(Themenheft Seite 11 bis 13)

Beim Skizzieren eines Gegenstands (Werkstücks) kommt es auf zügiges Arbeiten an. Der Bleistift wird lang angefasst und mit aufgelegtem Handballen über das Papier geführt. Das Blatt wird je nach Richtung der Linie in die entsprechende Richtung gebracht.
Technische Zeichnungen werden erst angefertigt, wenn mittels skizzierter Entwürfe das Werkstück in seinen Ansichten dargestellt ist.

Es empfiehlt sich an einer Schülerskizze an der Tafel auf die normgerechte Ausführung der technischen Zeichnung einzugehen, damit die Normen, der Maßstab, die Bemaßung und die Anordnung des Werkstücks auf der Zeichenfläche eingeübt werden.
Die Blatteinteilung, auch beim Skizzieren, wird so vorgenommen, dass die Darstellung etwa in der Blattmitte liegt.
Übertriebene Genauigkeit beim Bestimmen des Abstands der Ausgangslinien ist sehr zeitaufwendig.

Das Arbeiten mit den Zeichengeräten erfordert viel Übung und sollte in einer Unterrichtsstunde eingeführt werden.

Aufgabe 11: Einen Gegenstand skizzieren

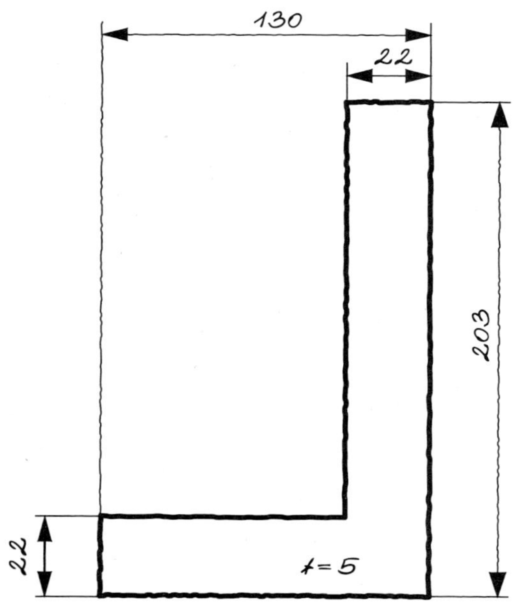

Aufgabe 12: Mit Zeichengeräten arbeiten
Der sichere Umgang mit den Zeichengeräten ist eine Voraussetzung für sauber ausgeführte, lesbare Zeichnungen. Es ist daher notwendig den Schülerinnen und Schülern Gelegenheiten einzuräumen, sich diese Fertigkeiten anzueignen. Dies kann auch fächerübergreifend (Kunst, Mathematik) erfolgen.
Die Darstellungsübungen sind als Anregungen zu verstehen. Weitere Übungen sind aber notwendig, um die motorischen Fähigkeiten zu festigen.
Übungsvorlagen sollten motivierend gestaltet sein, aber auch alle Linienarten, die im technischen Zeichnen vorkommen, beinhalten.

Aufgabe 13: Strecken maßstäblich darstellen
Länge der Linien in mm:
199, 129, 98, 112, 105.

Aufgabe 14: Einen Gegenstand maßstäblich zeichnen

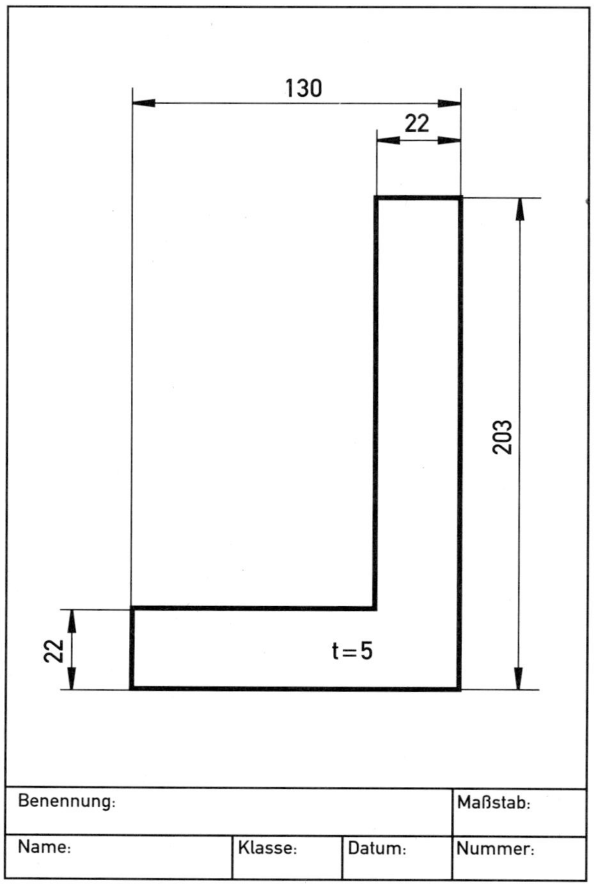

Aufgabe 15: Schriftfeld lesen und gestalten
Angaben im Schriftfeld:
Benennung des Dargestellten, Maßstab der Darstellung, Name der Zeichnerin/des Zeichners, Klassen- bzw. Kursbezeichnung, Datum der Zeichnungsausführung, Blattnummer.
Das Schriftfeld sollte 185 mm breit und je nach Anzahl der Reihen 5, 10, 20 oder mehr mm hoch sein.
Es wird immer unterhalb der Zeichnung angeordnet.
Das Schriftfeld könnte noch um die Angaben zum Material des Dargestellten (bei einteiligen Objekten) und um den Namen des Zeichnungsprüfers erweitert werden.

Aufgabe 16: Schriftfeld zeichnen und Zeichenblatt einteilen

Aufgabe 17: Ein Werkstück maßstäblich zeichnen und bemaßen

oben links:

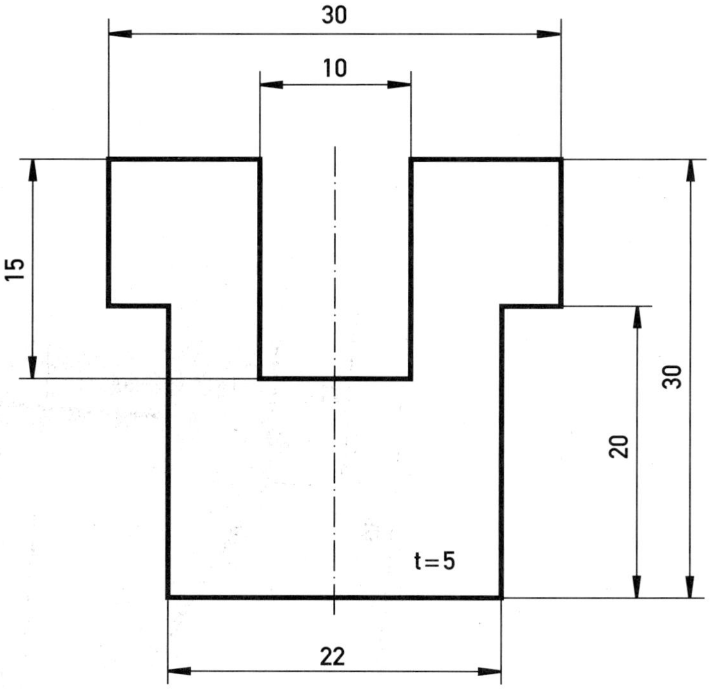

Maßstab 2:1

oben rechts:

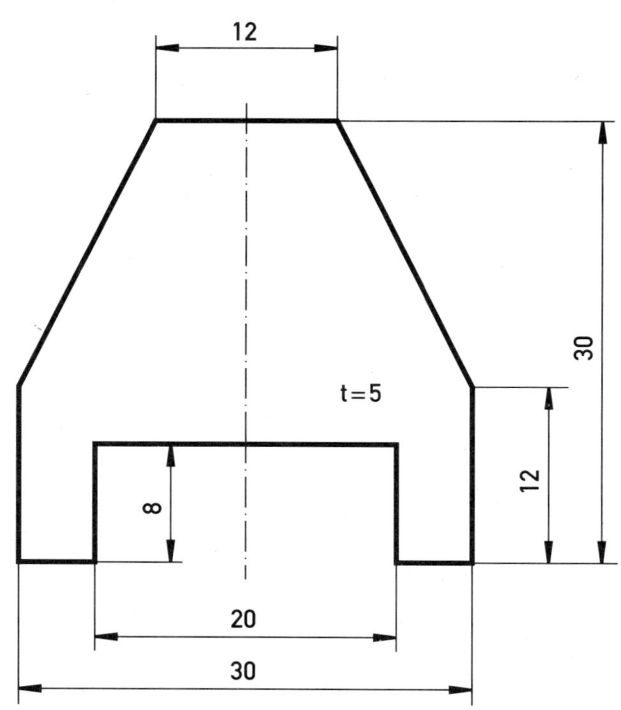

Maßstab 2:1

Aufgabe 17: Ein Werkstück maßstäblich zeichnen und bemaßen

unten links:

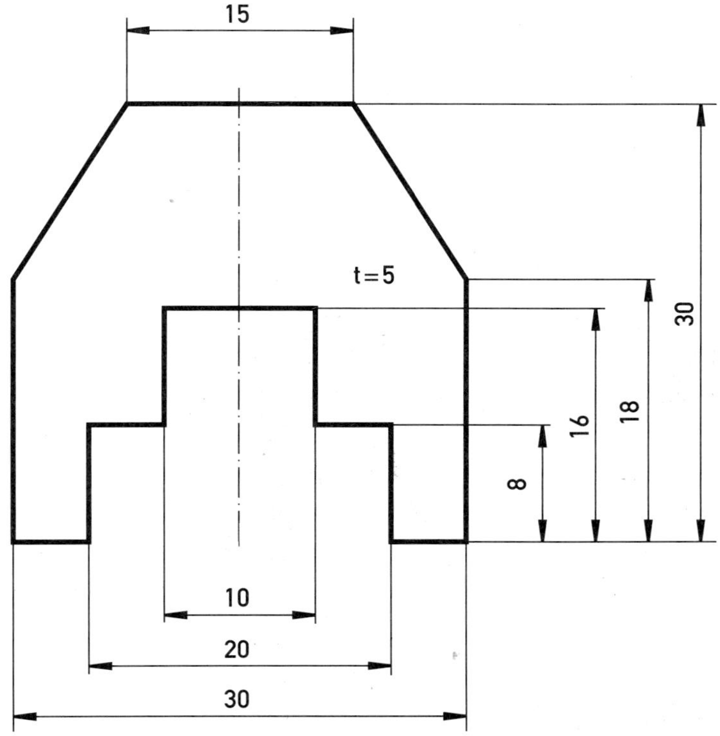

Maßstab 2:1

unten rechts:

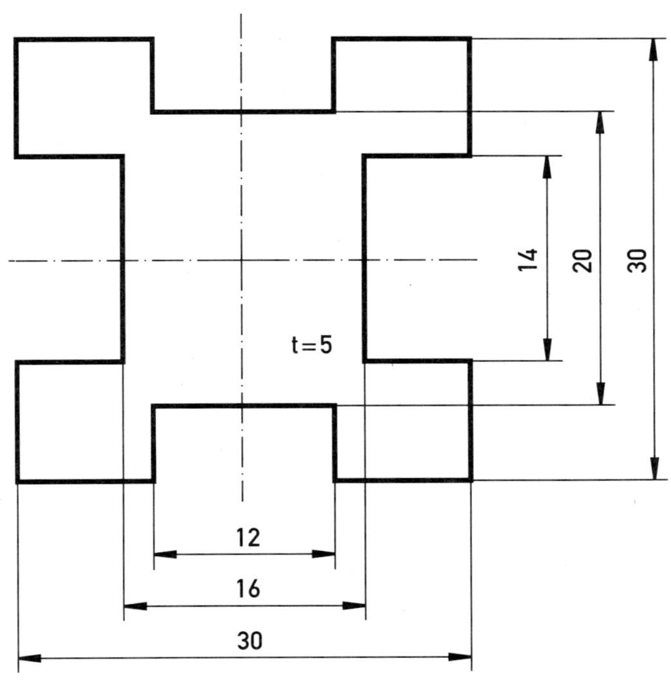

Maßstab 2:1

Aufgabe 18: Ein Werkstück maßstäblich zeichnen und fertigungsgerecht bemaßen

oben links: In dieser Aufgabe werden Lösungsvarianten mit verschiedenen Bemaßungsmöglichkeiten angeboten, weil man bei fertigungsgerechter Bemaßung die Maßhilfslinien auch durch das Werkstück ziehen kann.

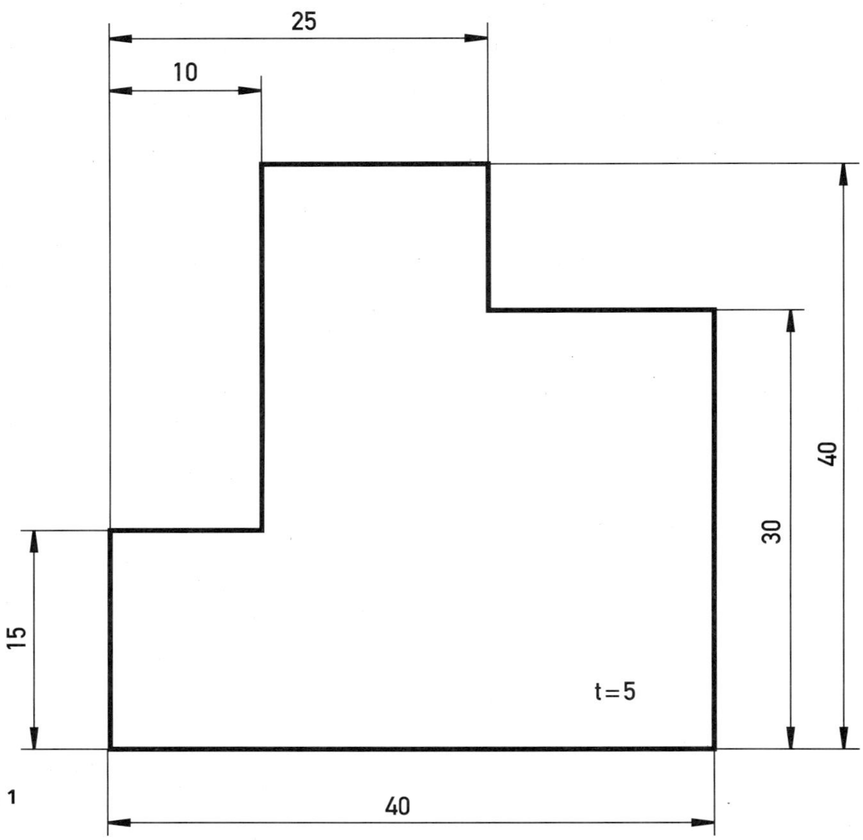

Bemaßungsvariante 1

Maßstab 2:1

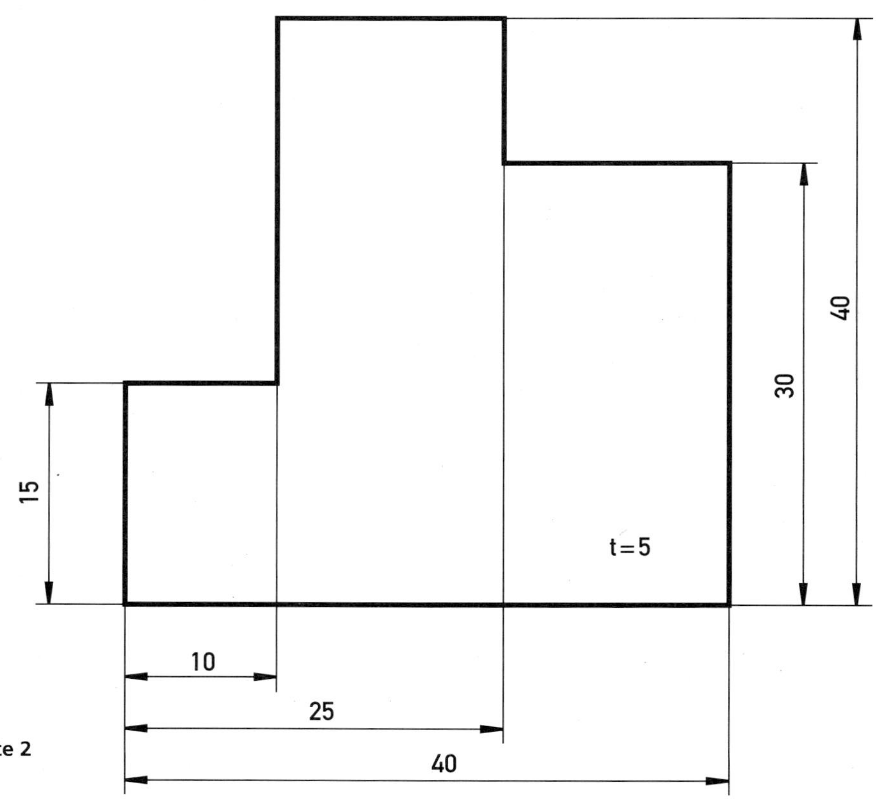

Bemaßungsvariante 2

Maßstab 2:1

Aufgabe 18: Ein Werkstück maßstäblich zeichnen und fertigungsgerecht bemaßen

oben rechts:

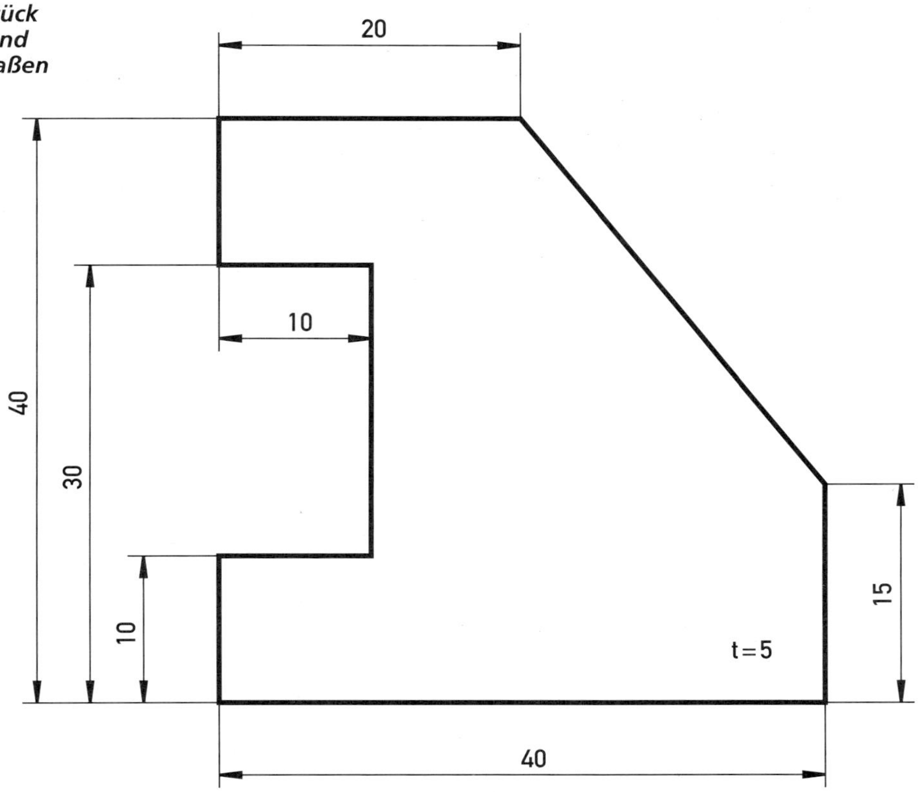

Maßstab 2:1

unten rechts:

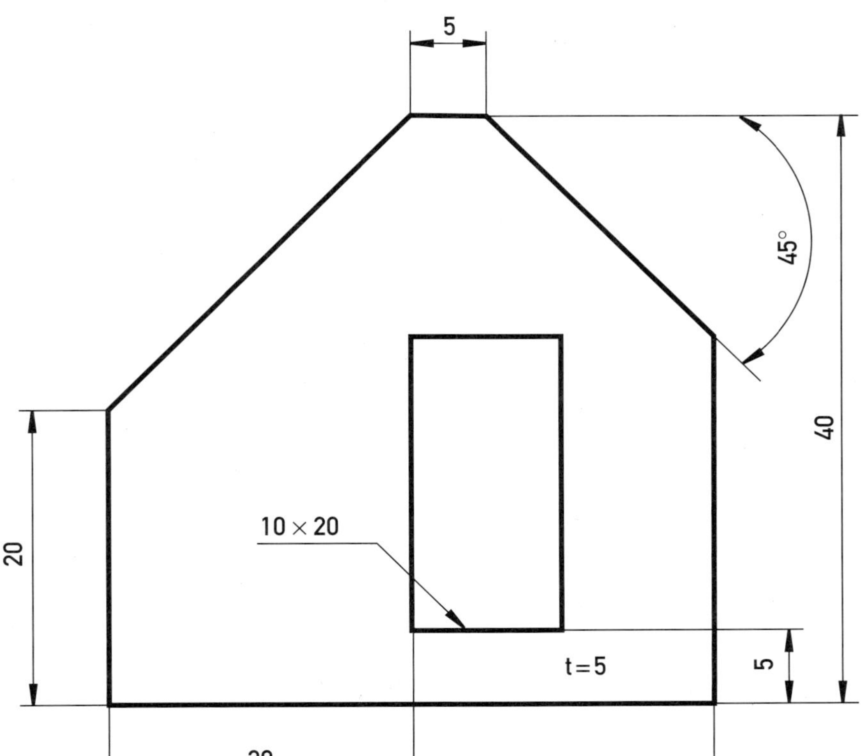

Maßstab 2:1

Aufgabe 18: Ein Werkstück maßstäblich zeichnen und fertigungsgerecht bemaßen

unten links:

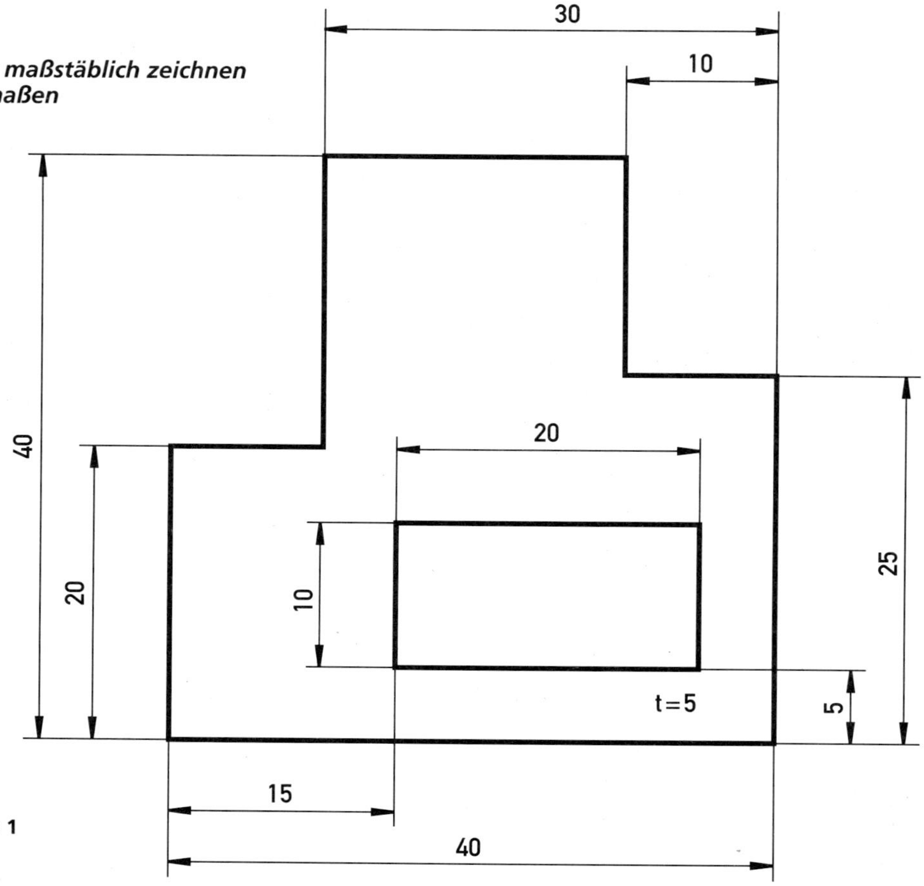

Bemaßungsvariante 1

Maßstab 2:1

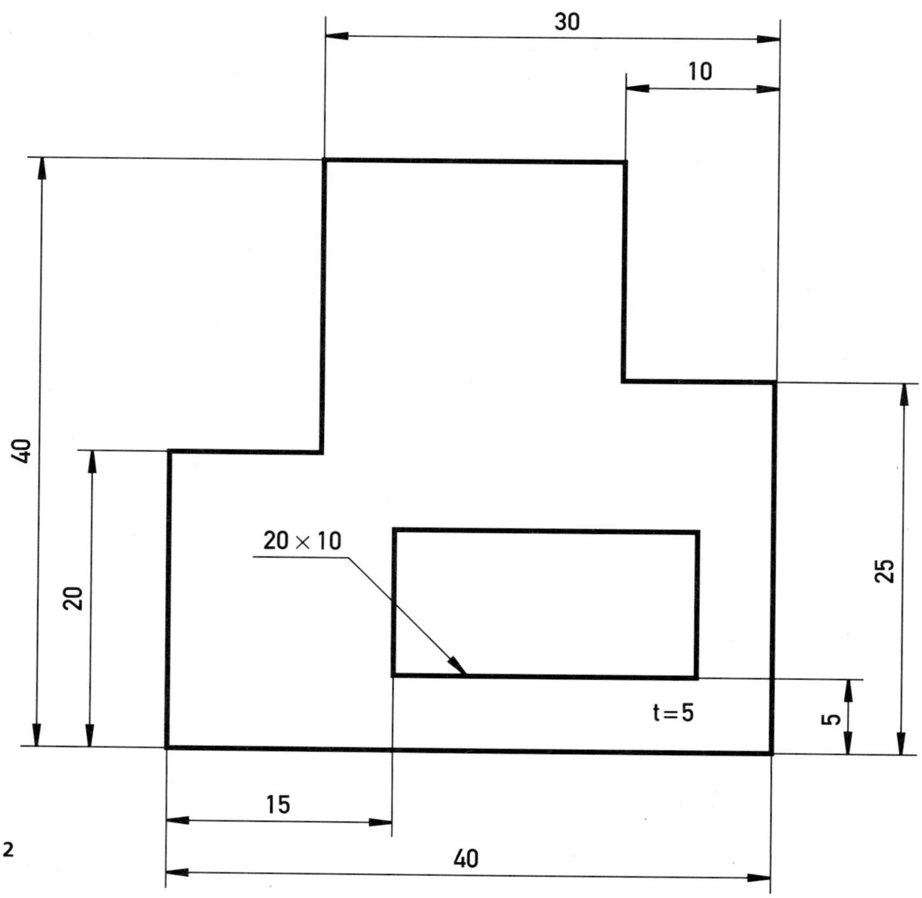

Bemaßungsvariante 2

Maßstab 2:1

Aufgaben zum Zeichnen von Werkstücken im Eintafelbild
(Themenheft Seite 14)

Nachdem die Schülerinnen und Schüler im Umgang mit den Zeichengeräten und Normen geübt sind, sollen sie durch die Umsetzung von technischen Texten in eine technische Zeichnung ihr räumliches Vorstellungsvermögen weiterentwickeln.

Aufgabe 19: Werkstücke in einer Ansicht zeichnen
Durch diese Aufgabenstellung wird das räumliche Vorstellungsvermögen dahingehend entwickelt, dass die Lernenden Vorstellungsbilder auch ohne das Vorhandensein von realen Objekten projizieren können.

Aufgabe 19 a):

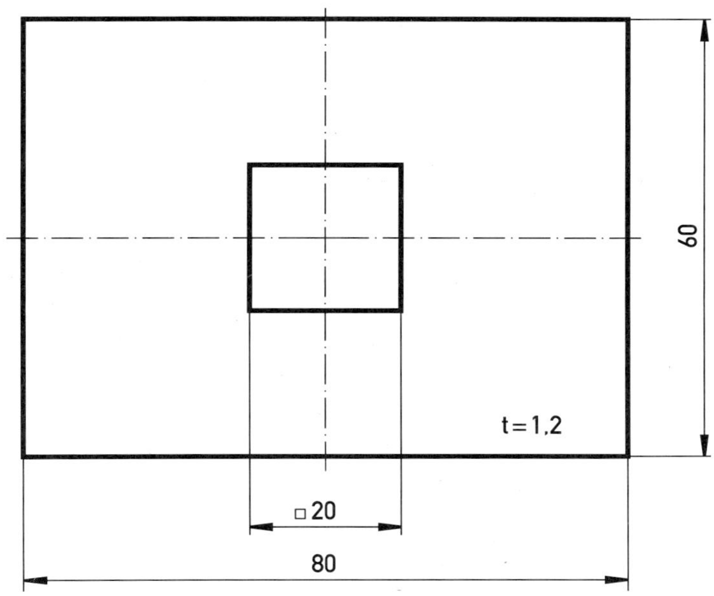

Aufgabe 19 b):
Die Bemaßung der Rundungen kann verschieden ausgeführt werden, wobei die Bemaßung ohne Radiusangabe ausreicht.

Bemaßungsvariante 1

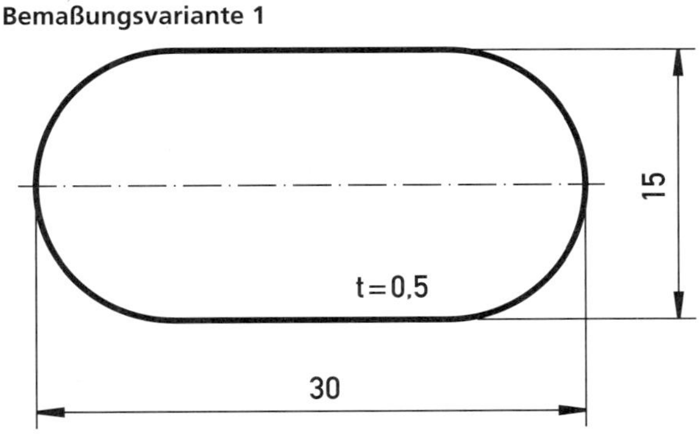

Bemaßungsvariante 2

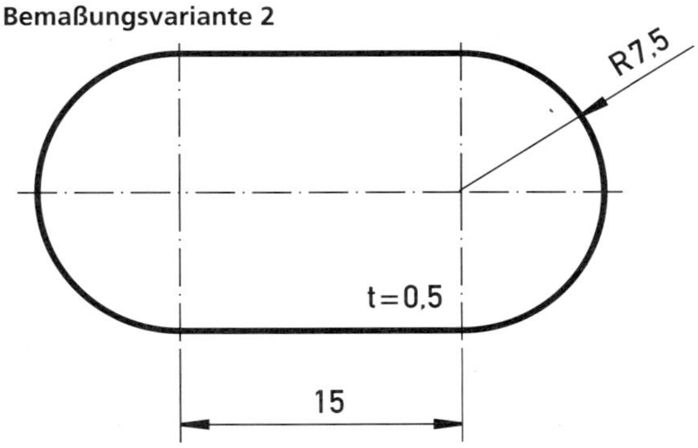

Maßstab 2:1

Aufgabe 19 c):
Die Bemaßung der Ausrundungen kann verschieden ausgeführt werden, wobei die Bemaßung ohne Radiusangabe ausreicht.

Bemaßungsvariante 1

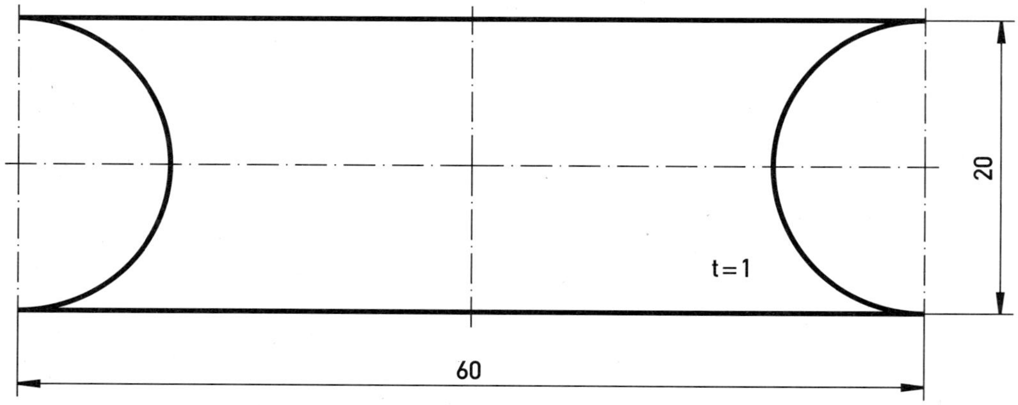

Bemaßungsvariante 2

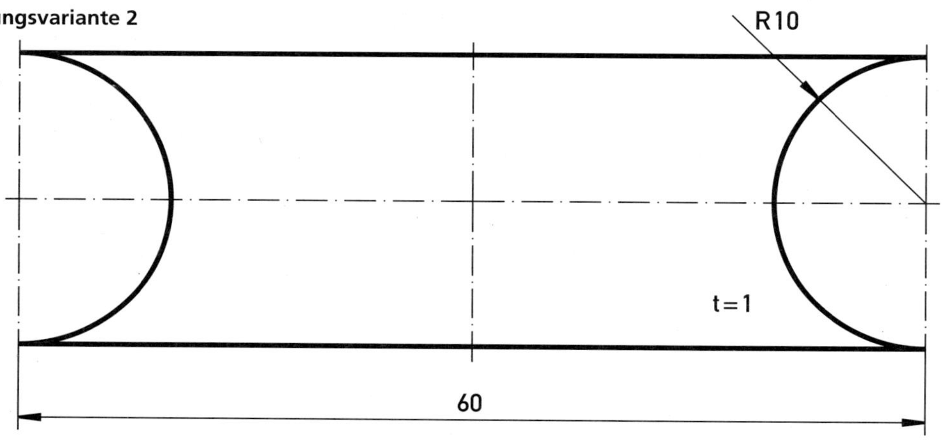

Maßstab 2:1

Aufgabe 19 d):

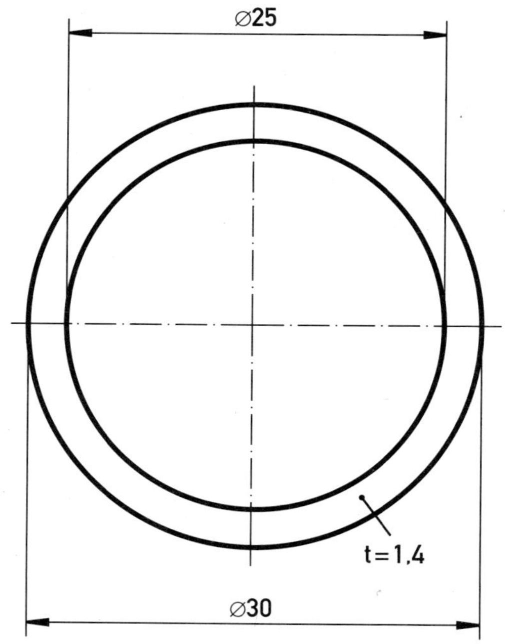

Maßstab 2:1

Aufgabe 20: Werkstück in einer Ansicht zeichnen
Die Höhe des Dreiecks kann zum Beispiel mit dem Satz des Pythagoras ermittelt werden. Die Zeichnung sollte im Querformat angelegt werden.

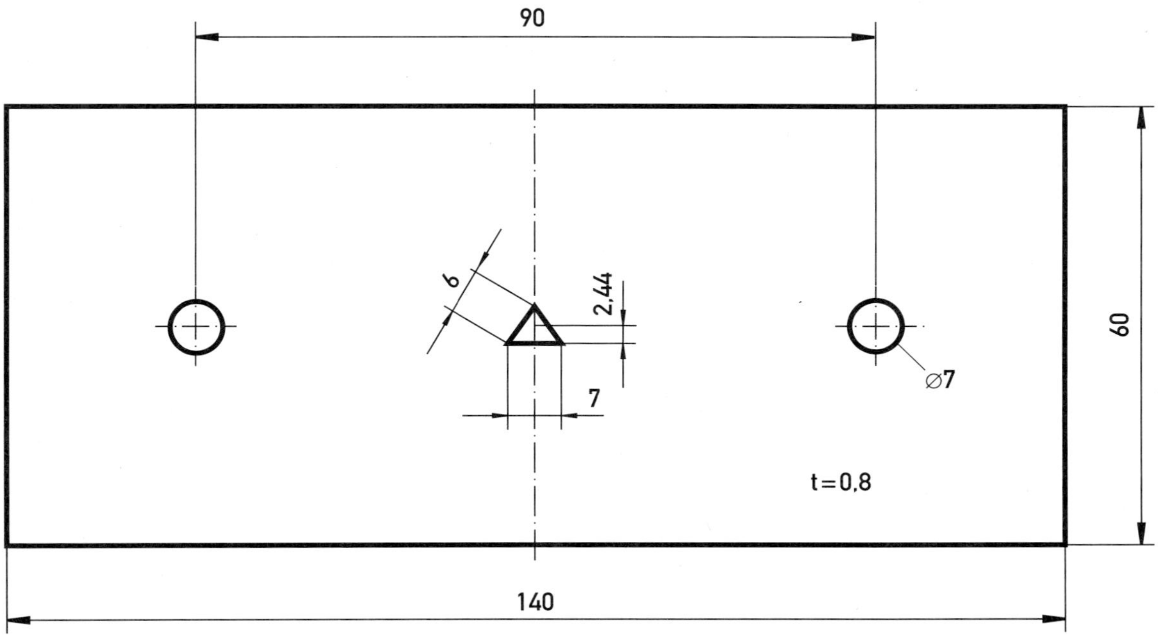

Aufgabe 21: Werkstück in einer Ansicht zeichnen

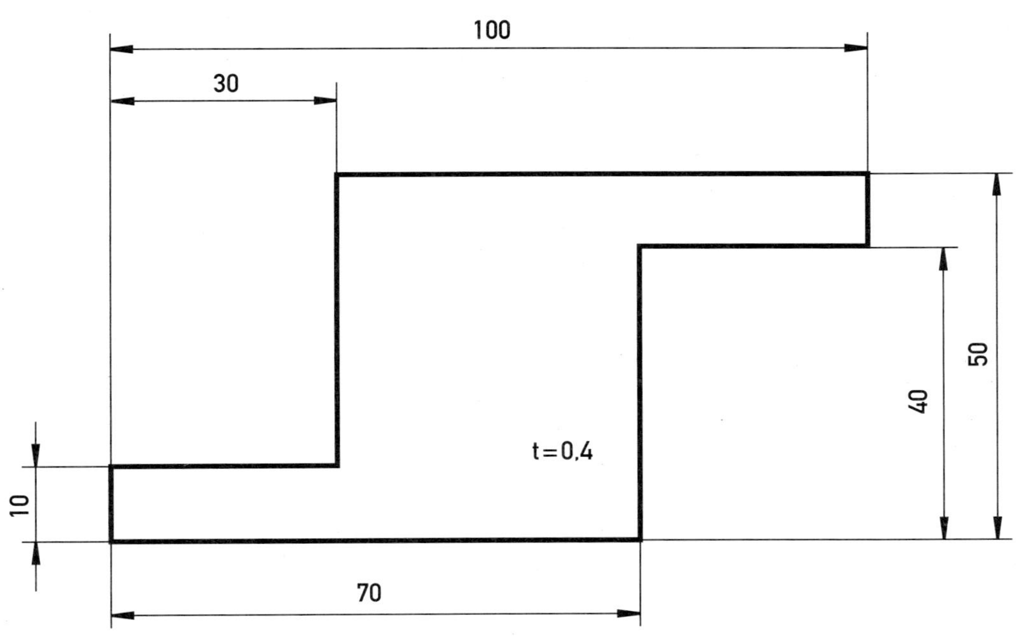

Aufgabe 22: Bildet Teams

Die abgebildeten „flächigen Bauteile“ sind im strengen Sinne keine flächigen Bauteile, weil sie Erhebungen oder Rundungen, Achsen, Zapfen besitzen. Sie sollen den Schülerinnen und Schülern nur Anhaltspunkte geben, worauf sie beim Sammeln zu achten haben.
Durch diesen Auftrag werden sie mit Teilen von technischen Objekten und ihren Funktionen vertraut und es entstehen Erinnerungsbilder, die sie später bei ähnlichen Werkstücken vielleicht nutzen können.
Durch die Teambildung sollen sie sich in einer der Schlüsselqualifikationen (Sozialkompetenz) üben.
Ferner werden ihre zeichnerischen Fähigkeiten vertieft.

Aufgabe 23: Werkstück in zwei Ansichten zeichnen

oben links:

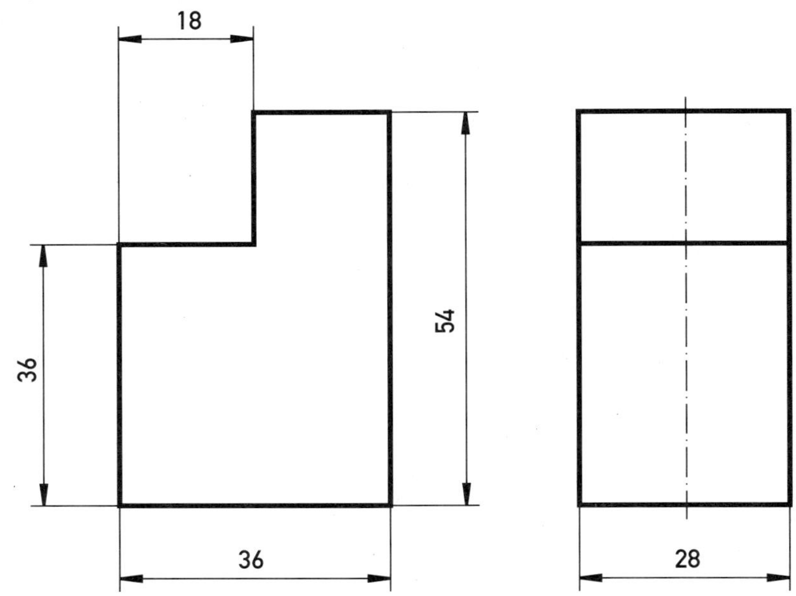

Mitte links:

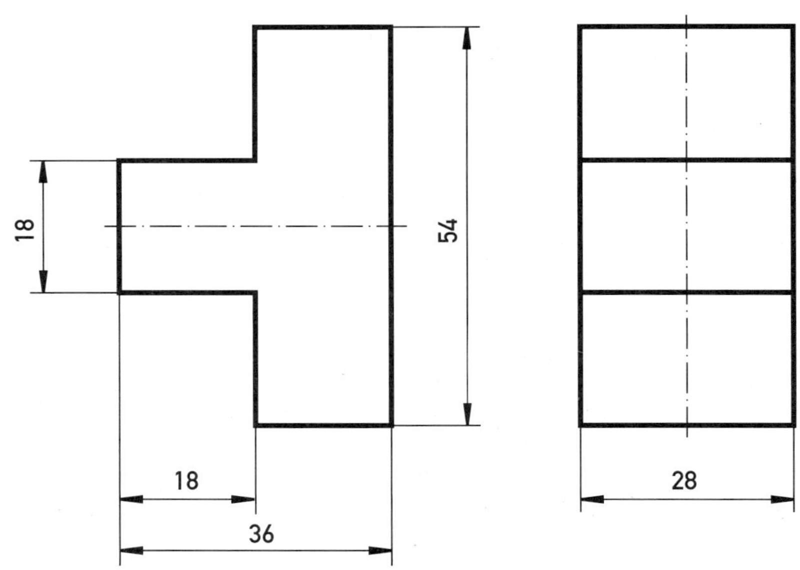

Aufgaben zum Zeichnen von Werkstücken im Zweitafelbild

(Themenheft Seite 15)

Die Schülerinnen und Schüler erfahren, dass zur eindeutigen Darstellung von räumlichen Werkstücken zwei bzw. drei Ansichten in flächiger Darstellung benötigt werden.
Durch die folgenden Aufgaben werden Fertigkeiten wie das Ausmessen von Körpern, das Umrechnen der Maßstäbe und die Fähigkeit des räumlichen Vorstellungsvermögens geschult.

Aufgabe 23: Werkstück in zwei Ansichten zeichnen

unten links:
Um eine normgerechte Bemaßung auszuführen, muss anstatt der Seitenansicht die Draufsicht gezeichnet werden.

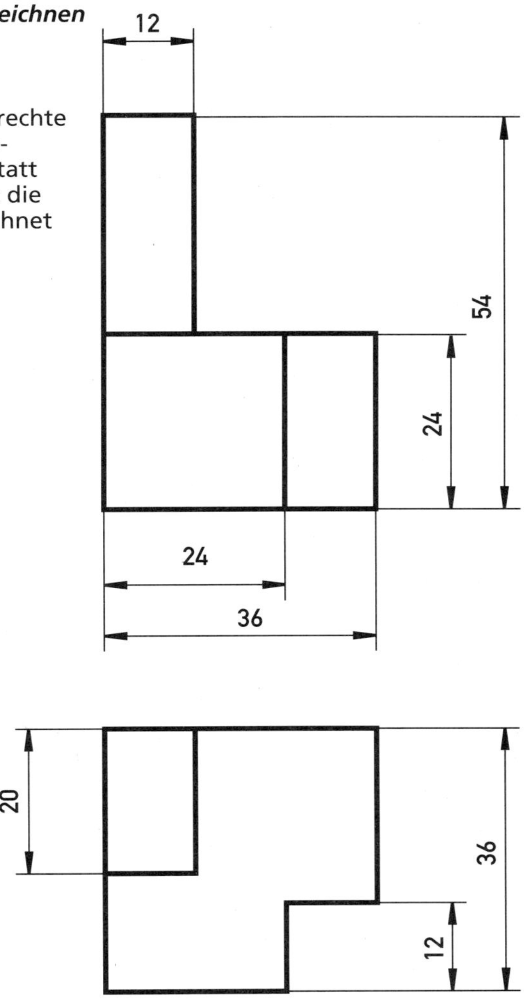

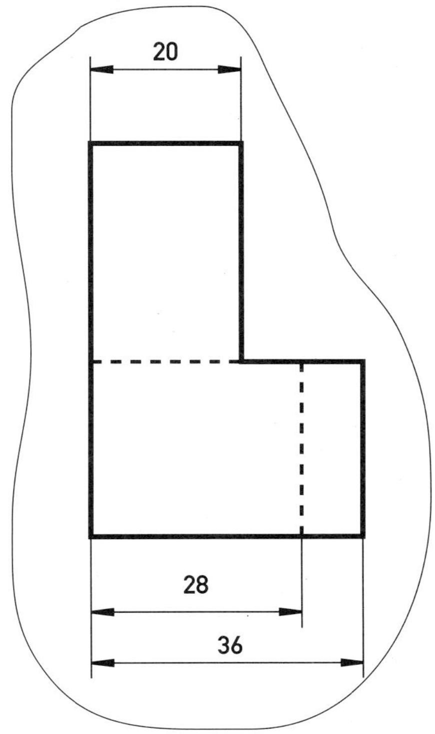

oben rechts:

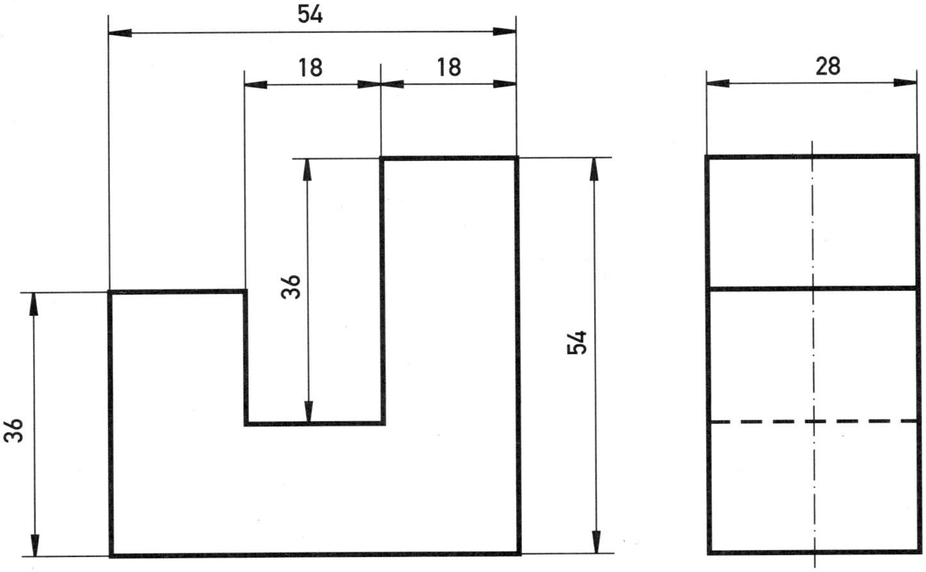

Aufgabe 23: Werkstück in zwei Ansichten zeichnen

Mitte rechts:

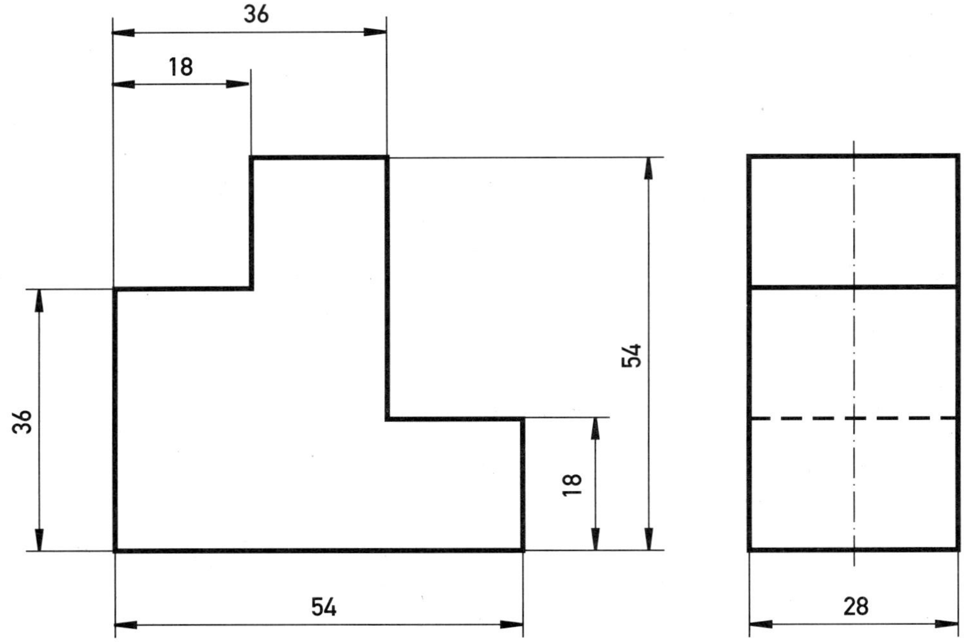

unten rechts:
Damit ein Bemaßen an verdeckten Werkstückkanten vermieden wird, wird in der Seitenansicht ein Schnitt vorgenommen (siehe Themenheft Seite 48).

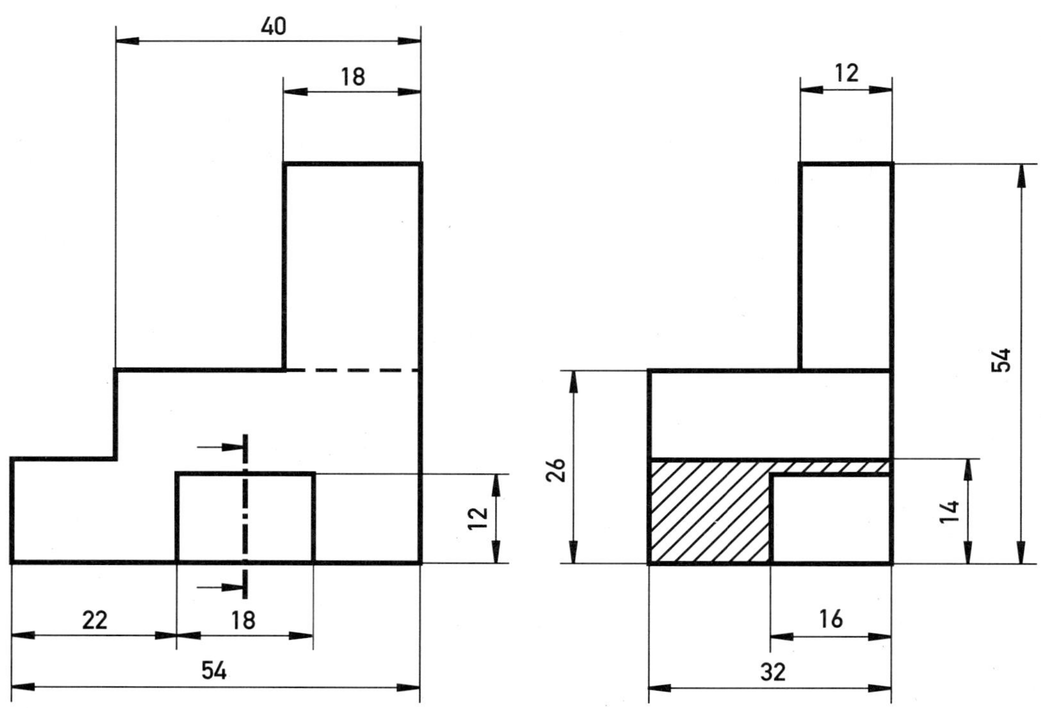

Aufgabe 24: Werkstück in zwei Ansichten zeichnen

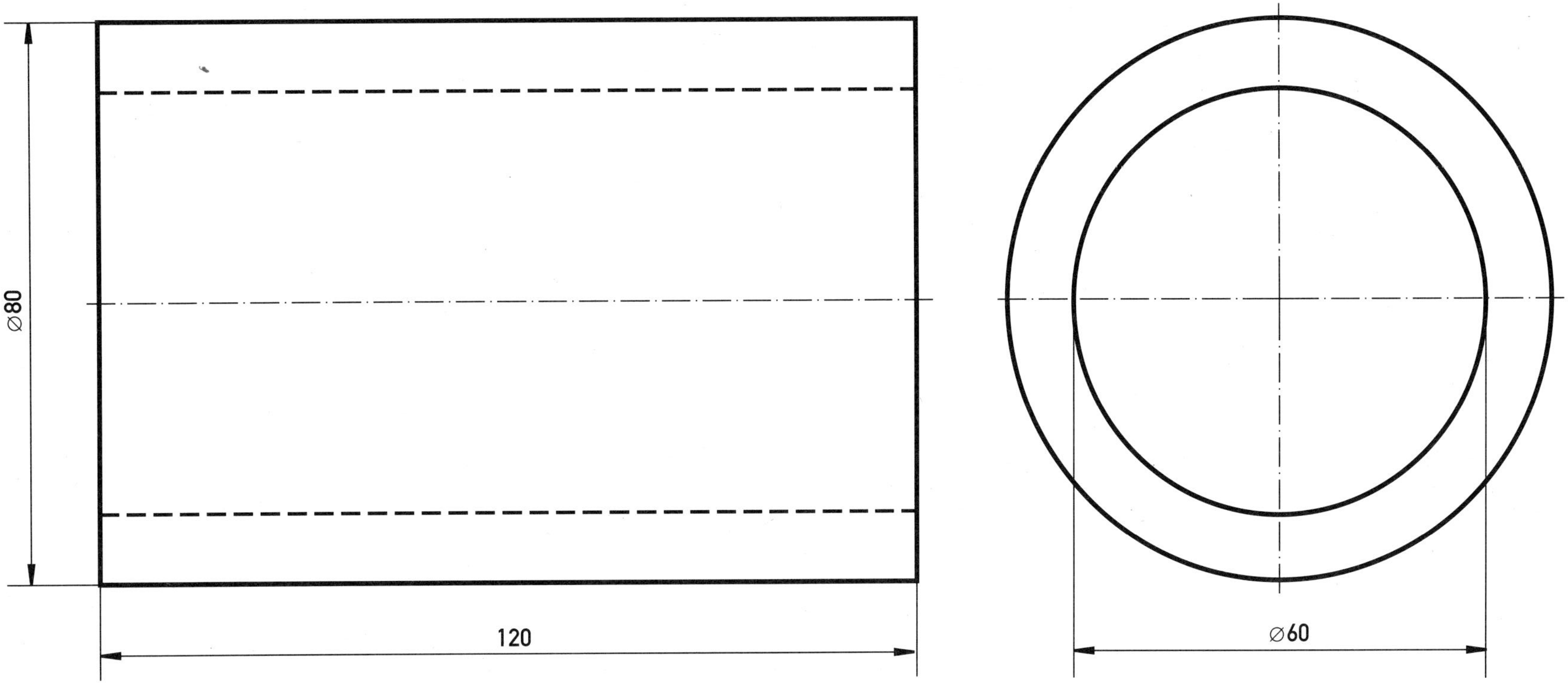

Aufgabe 25: Werkstück in zwei Ansichten zeichnen

Abweichend von den Bemaßungsregeln wurde hier an verdeckten Körperkanten bemaßt.
Die Bemaßungsvariante 2 zeigt die korrekte Lösung, setzt aber voraus, dass die Schnittdarstellung bekannt ist.

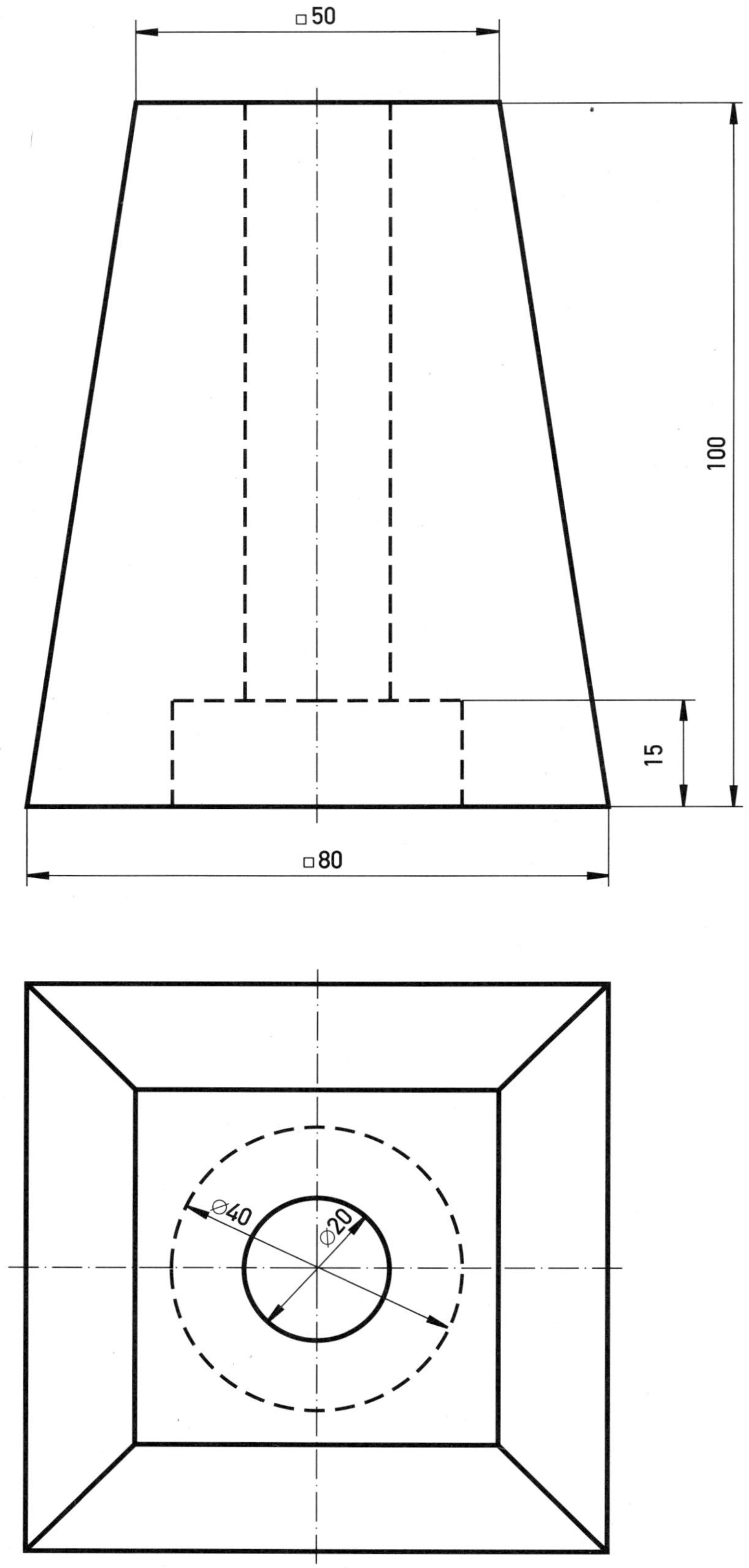

Bemaßungsvariante 1

Aufgabe 25: Werkstück in zwei Ansichten zeichnen

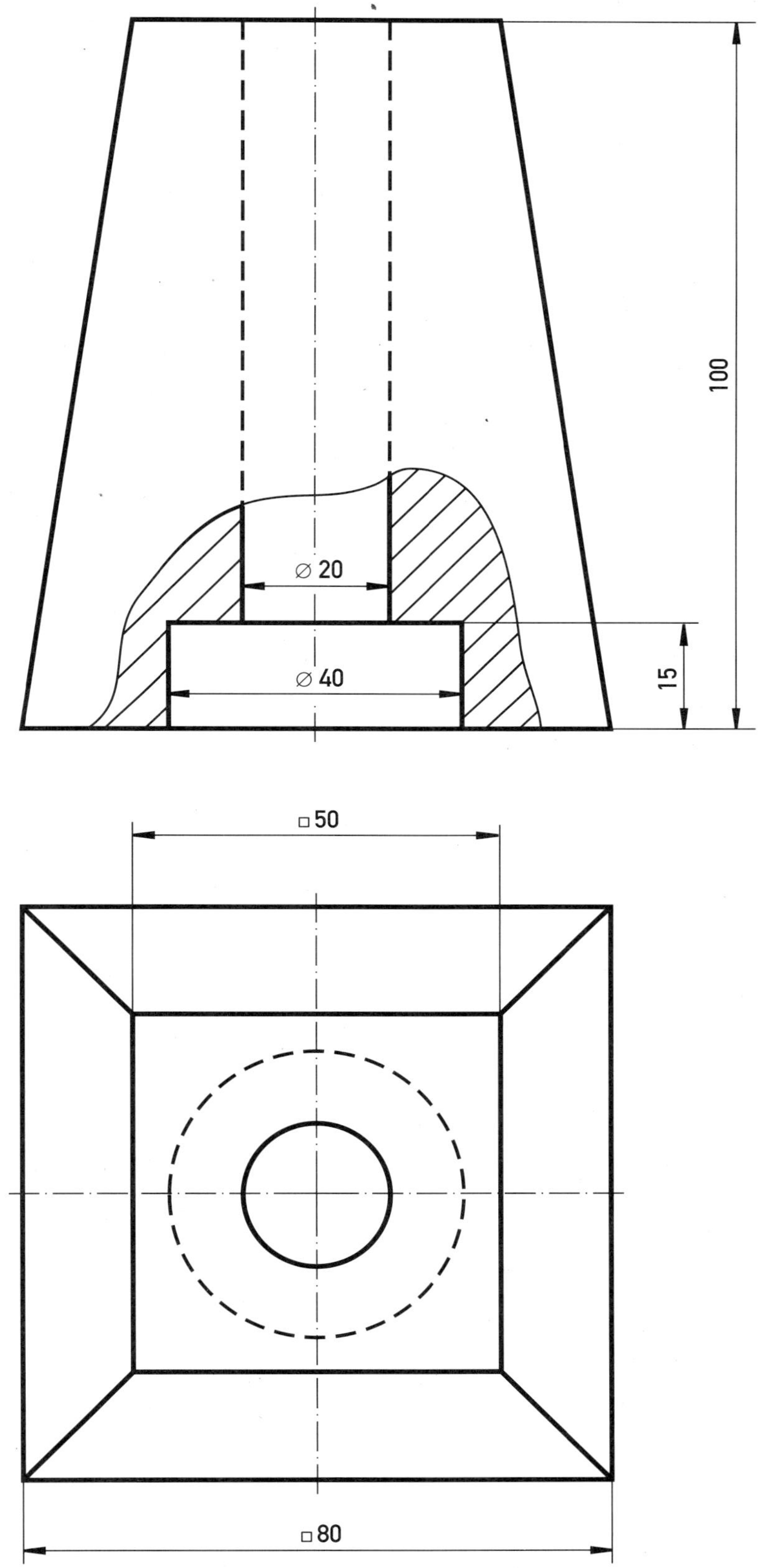

Bemaßungsvariante 2

Aufgaben zum Zeichnen von Werkstücken im Dreitafelbild
(Themenheft Seite 16 bis 17)

Durch die rechtwinklige Projektion in mehreren Ebenen von isometrisch dargestellten Werkstücken entstehen jeweils die Ansichten von einer Betrachtungsseite des Gegenstands.
Diese Ansichten befinden sich in einer festgelegten Raumlage-Beziehung zu einander (DIN 5, Teil 6).

Durch unterschiedliches Einfärben der Ansichten und das „Zerlegen" des jeweiligen Werkstücks in seine geometrischen Grundformen wird das Zeichnen der Dreitafelansicht erleichtert.
Die fertigungsbezogene Bemaßung der Ansichten ist beispielhaft zu diskutieren.
Durch die Vorstellung von geometrischen Körpern und die gedankliche Bearbeitung werden einzelne Komponenten des räumlichen Vorstellungsvermögens besonders intensiv geschult.

Aufgabe 26: Werkstücke in drei Ansichten zeichnen

a) Qudratstahl: Fertigungstechnisch würde die Darstellung im Zweitafelbild ausreichen.

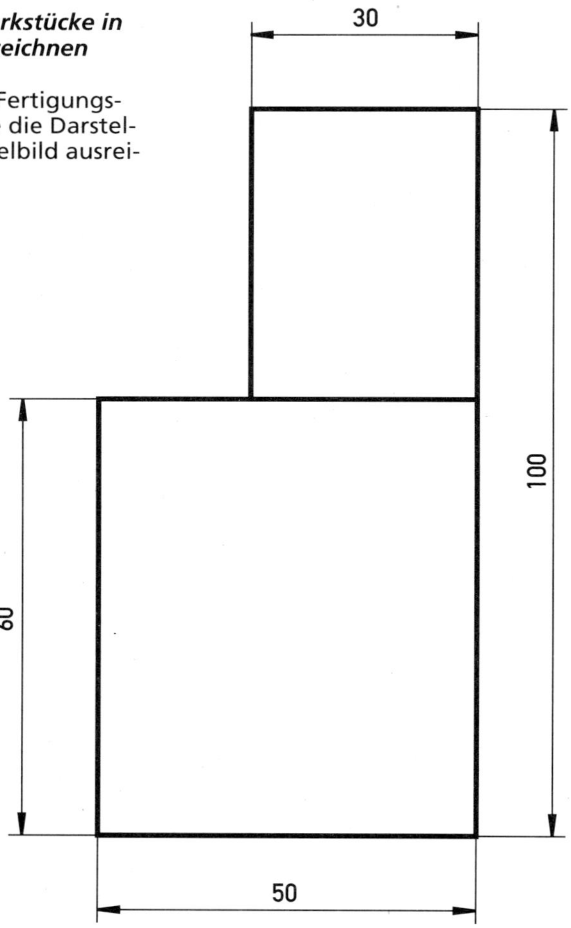

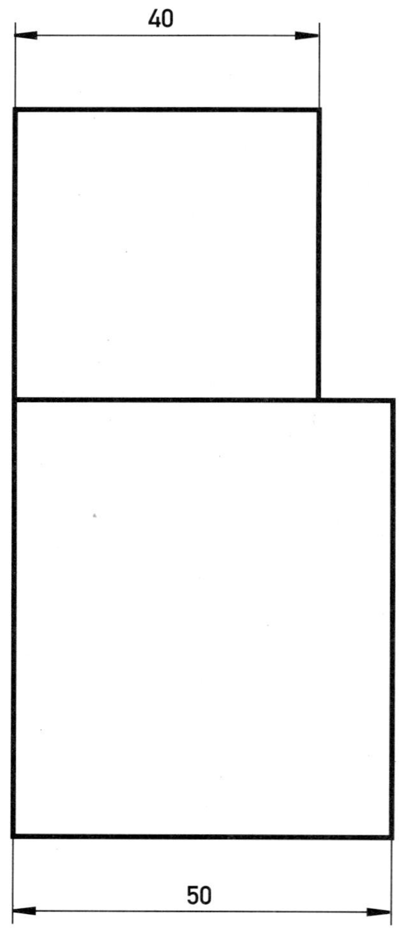

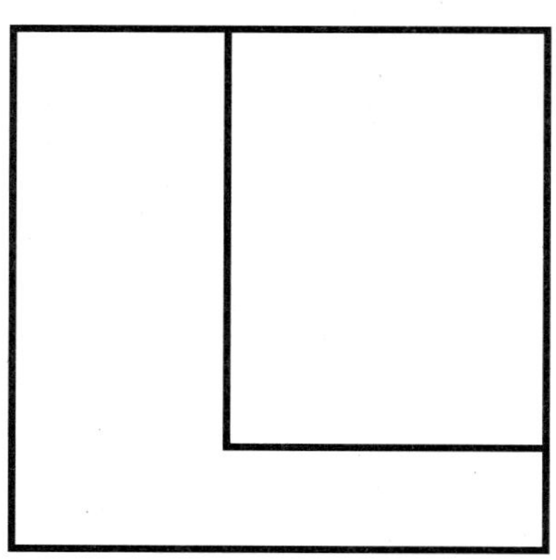

Aufgabe 26: Werkstücke in drei Ansichten zeichnen

b) Vorrichtungsteil:

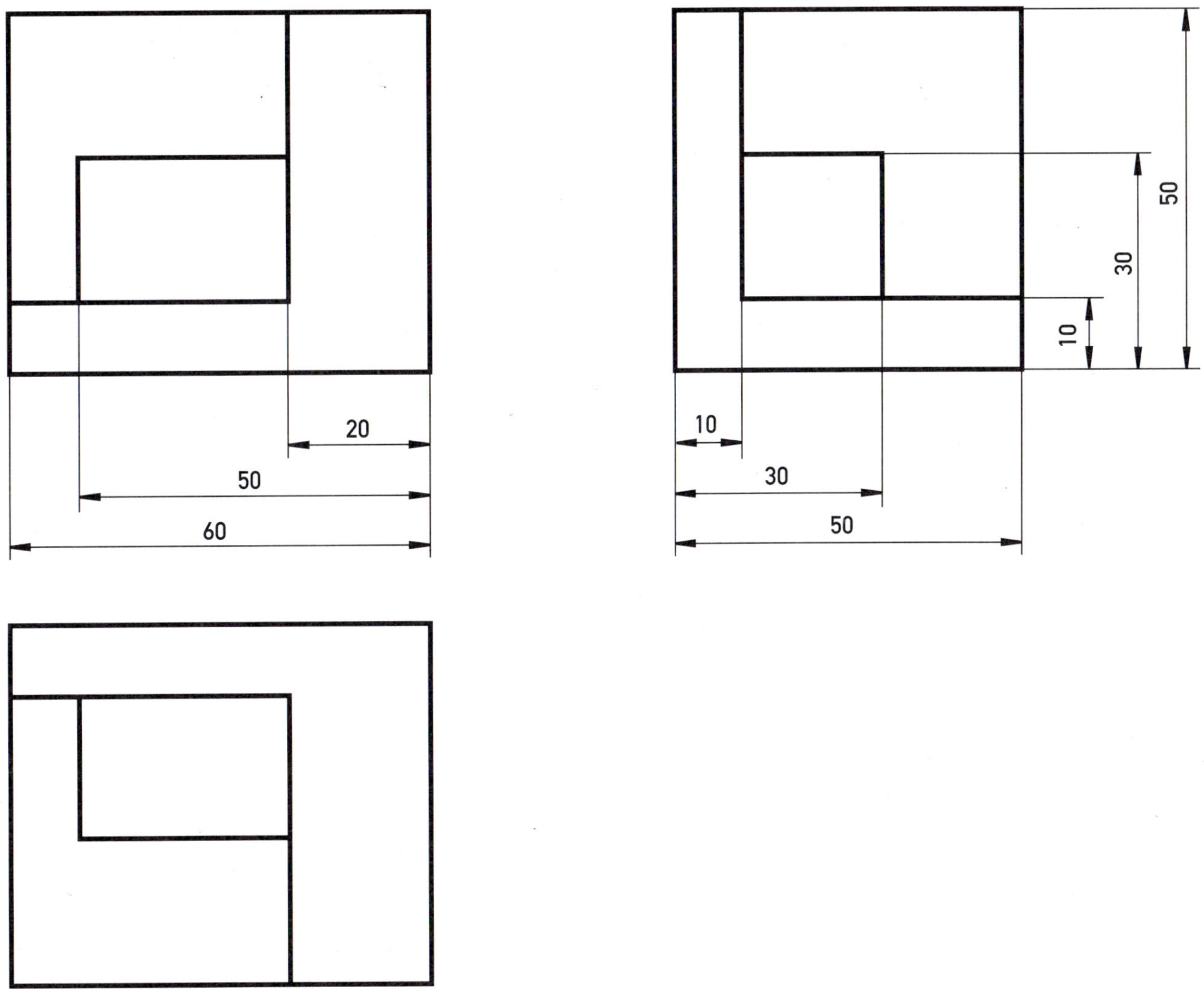

Aufgabe 26: Werkstücke in drei Ansichten zeichnen

c) quadratische Säule:

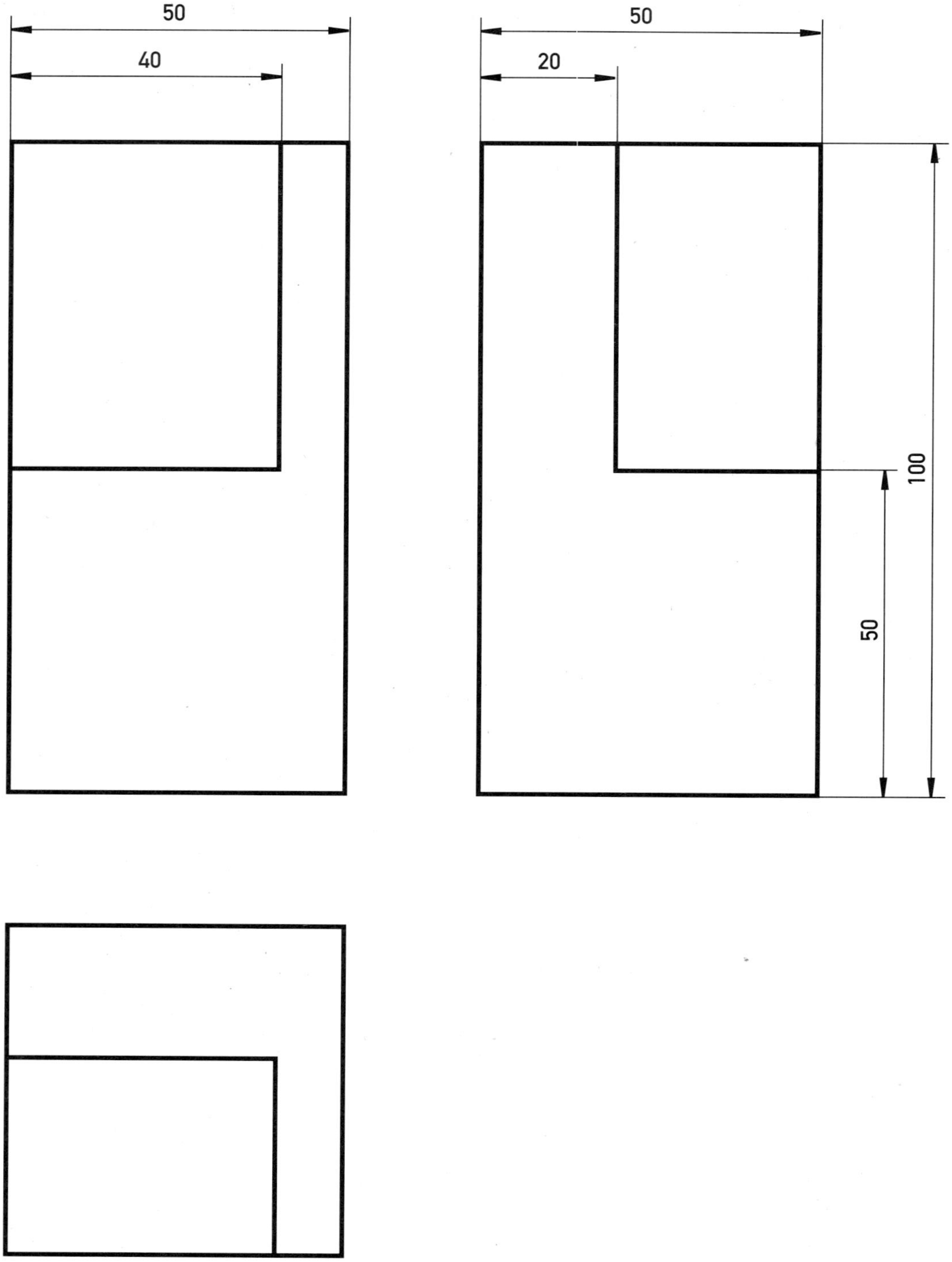

Aufgabe 26: Werkstücke in drei Ansichten zeichnen

d) Platte für Vorrichtung:

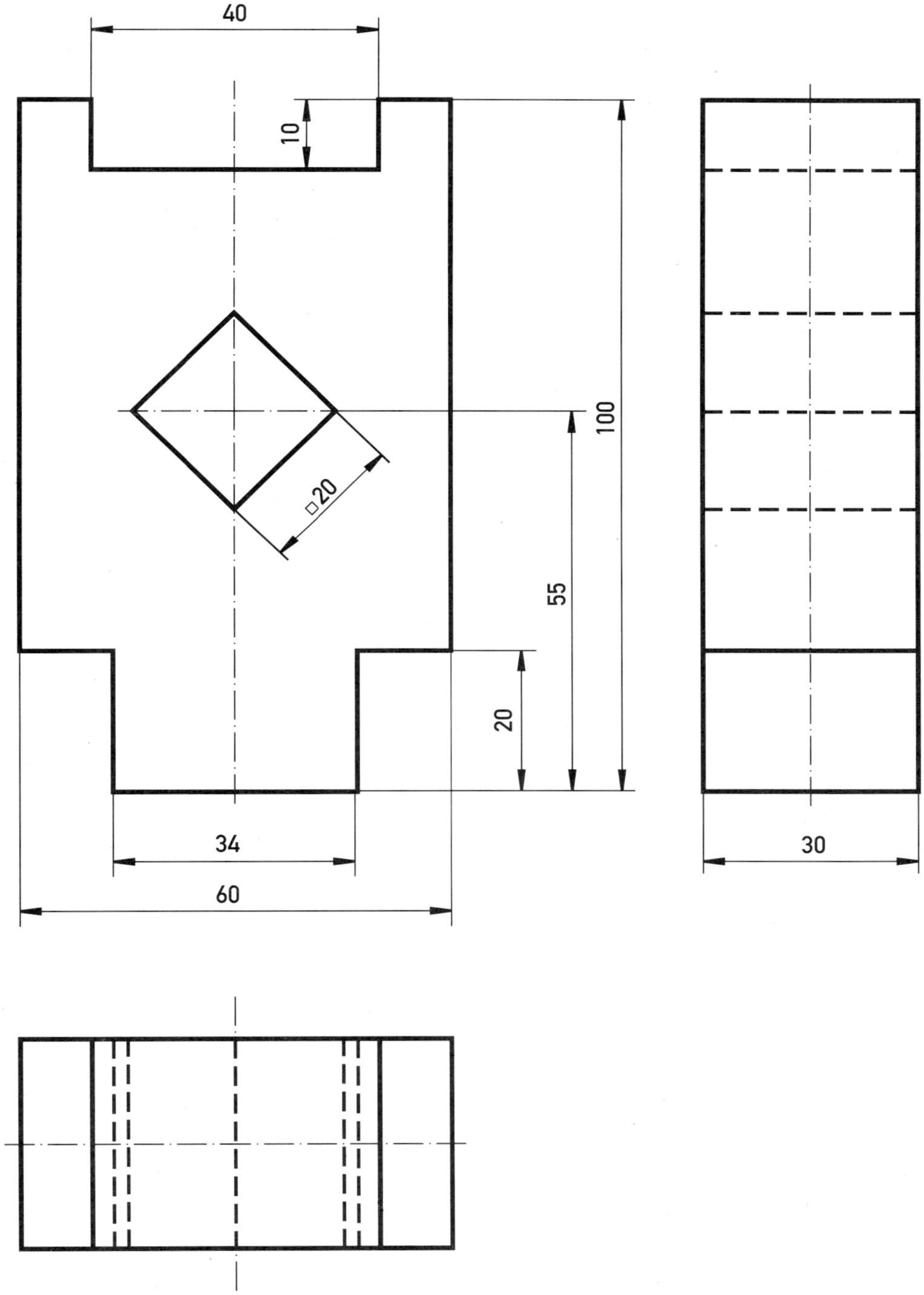

Aufgabe 27: Werkstück in drei Ansichten zeichnen

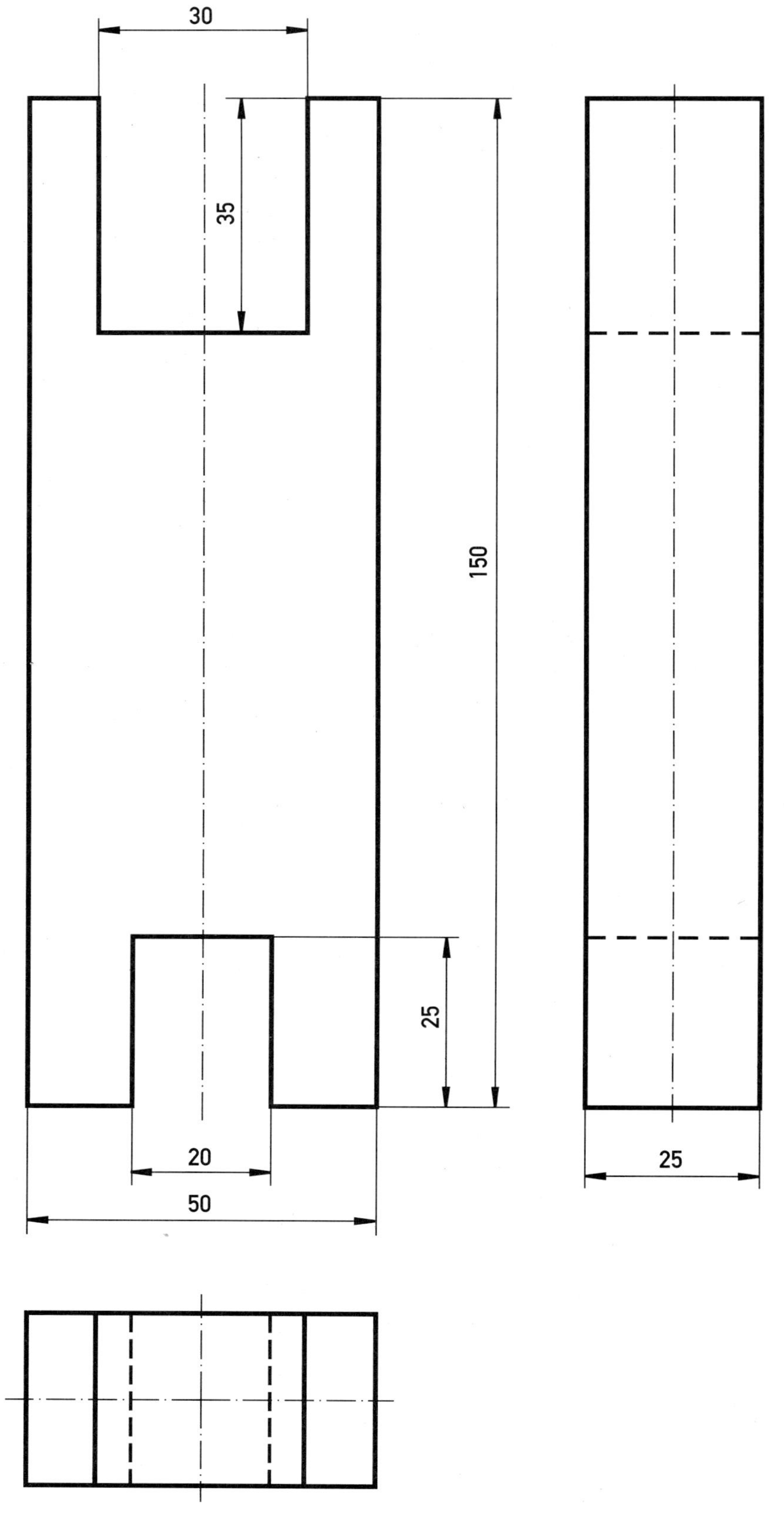

Aufgabe 28: Werkstück in drei Ansichten zeichnen

Manchmal ist es für die Fertigung günstiger, wenn die Rundung bemaßt wird (siehe auch Seite 17).

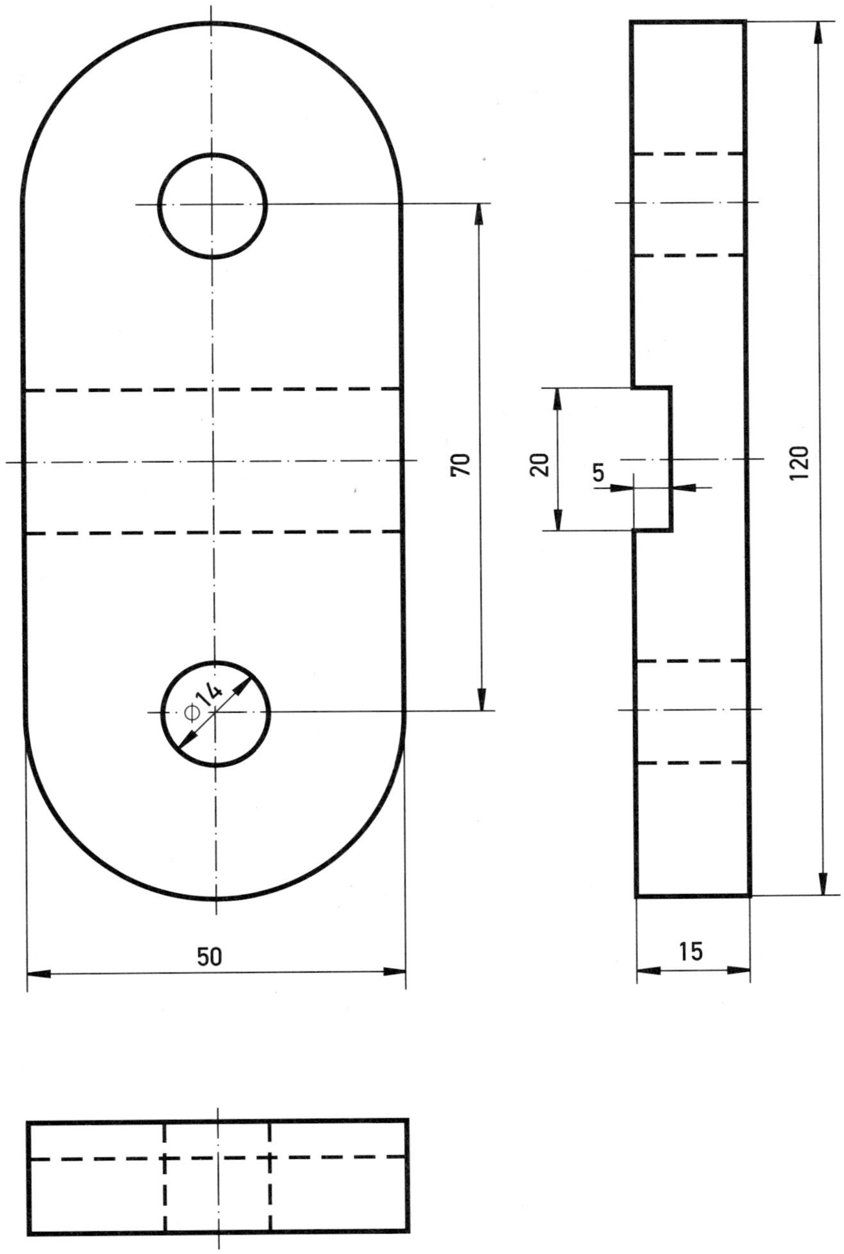

Aufgabe 29: Werkstück in drei Ansichten zeichnen

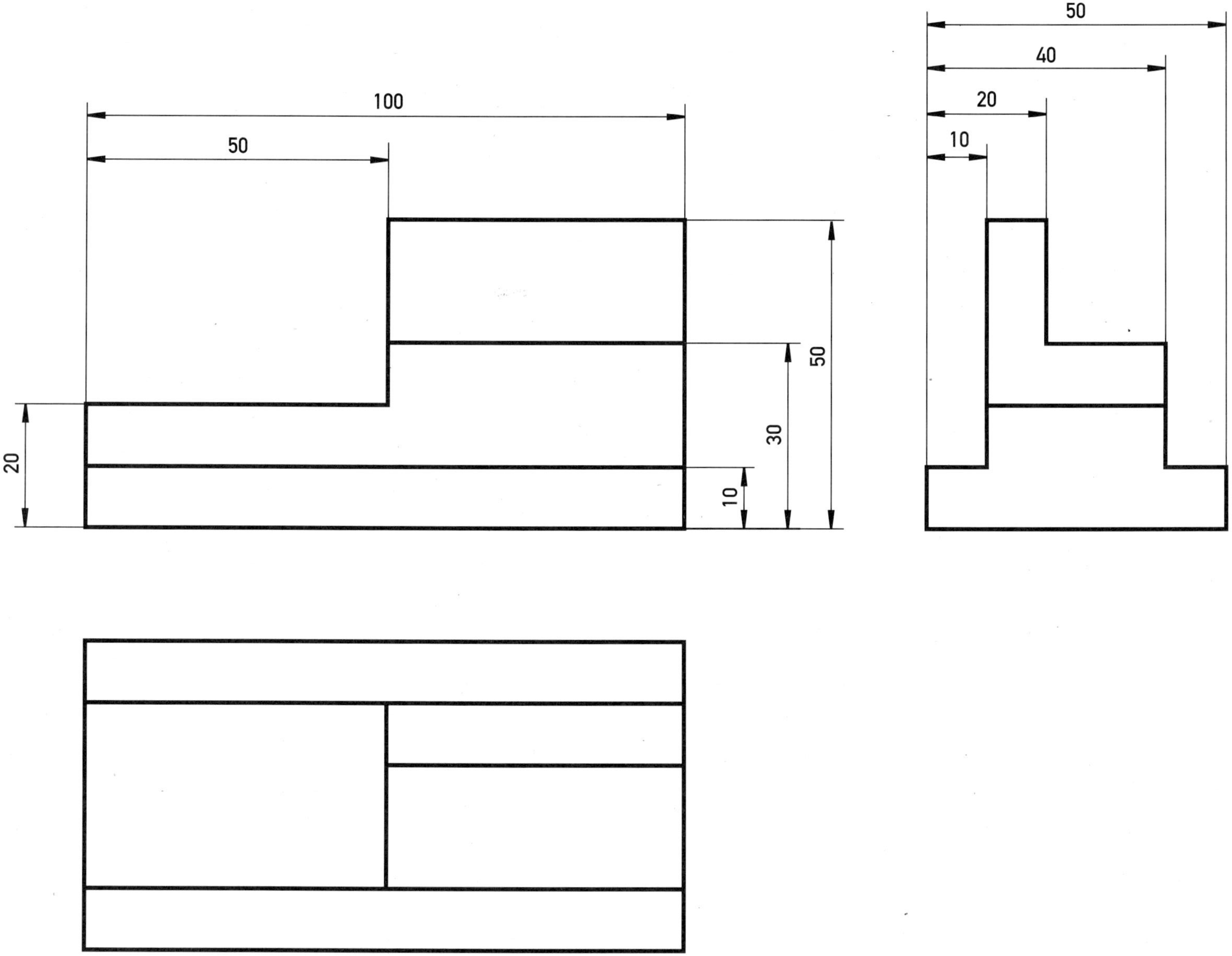

Aufgaben zum Konstruieren einer fehlenden Ansicht im Dreitafelbild
(Themenheft Seite 18 bis 19)

Das Konstruieren von fehlenden Ansichten und das Hervorheben der Körperkanten der entsprechenden Ansicht gelingt nur, wenn durch ein gedankliches Zusammenfügen der Ansichten ein räumlicher Eindruck des Werkstücks entsteht.

Hilfreich ist ein Auslegen der Ansichten mit geometrischen Grundformen. Dadurch können die Schülerinnen und Schüler sich leichter ein Bild von der räumlichen Gestalt machen und ihre Konstruktion fehlerfrei gestalten.

Aufgabe 30: Konstruktion von fehlenden Ansichten
Durch das Zusammenfügen der vier Modelle entsteht ein Würfel.

1. Draufsicht konstruieren:

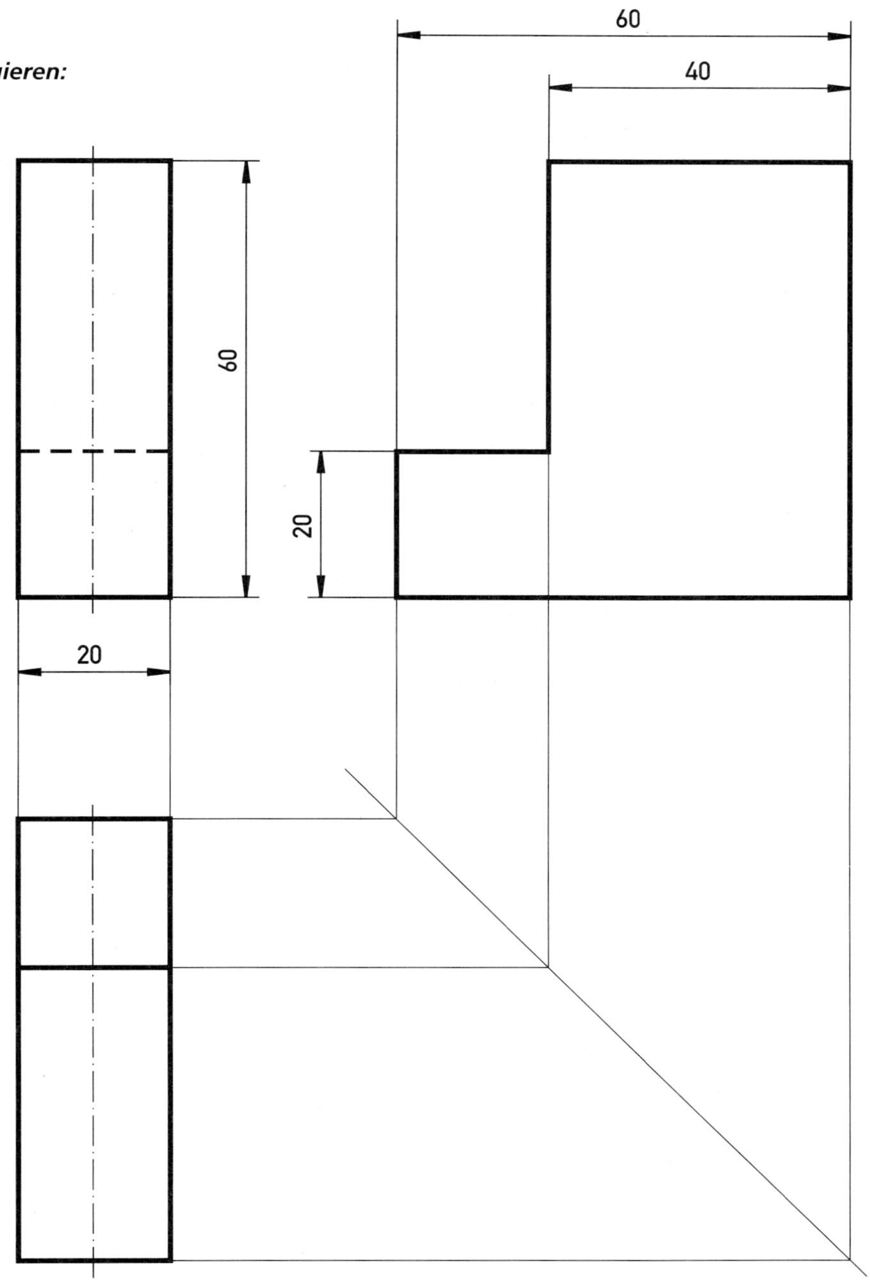

Aufgabe 30: Konstruktion von fehlenden Ansichten

2. Seitenansicht konstruieren:

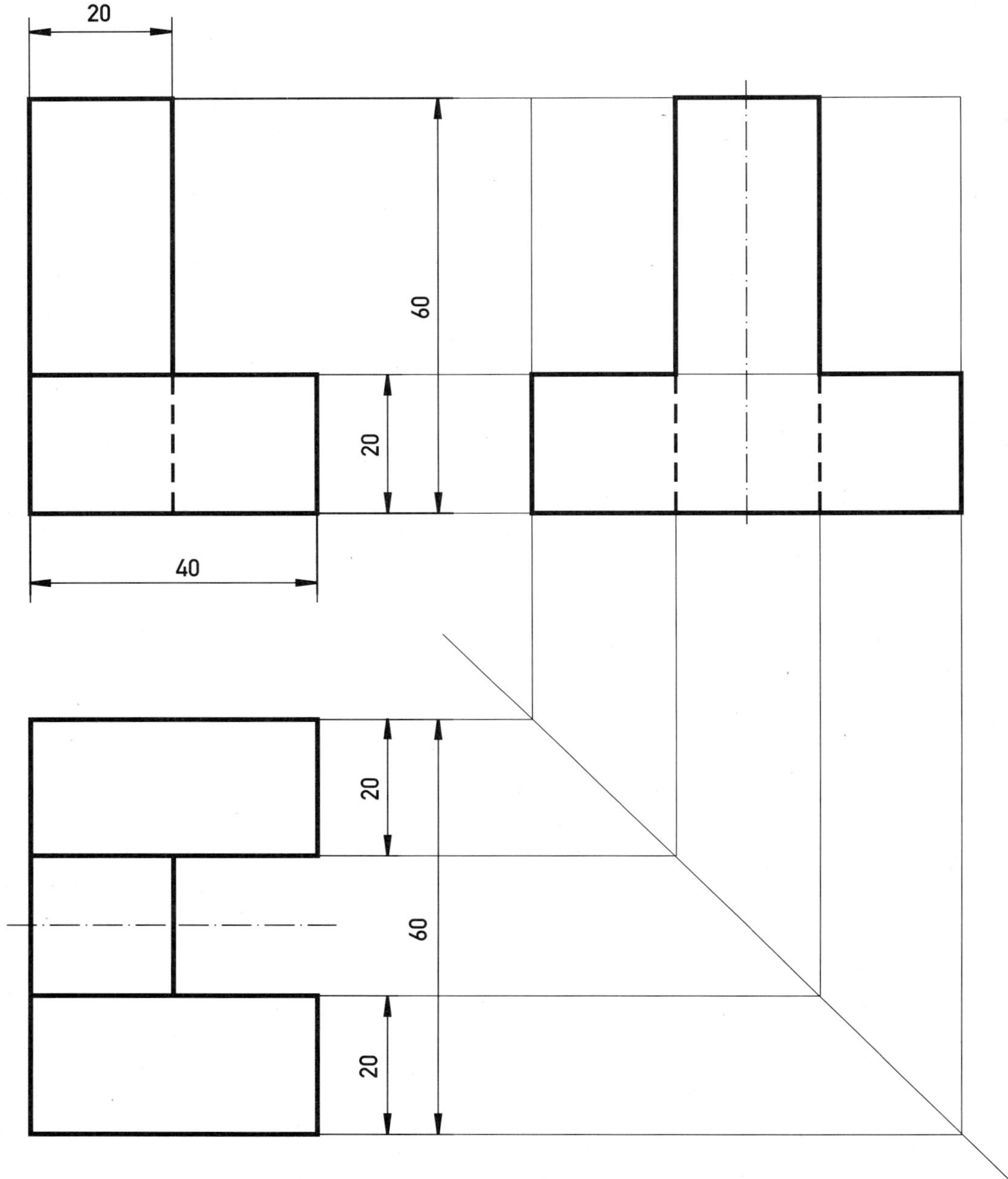

Aufgabe 30: Konstruktion von fehlenden Ansichten

3. Vorderansicht konstruieren:

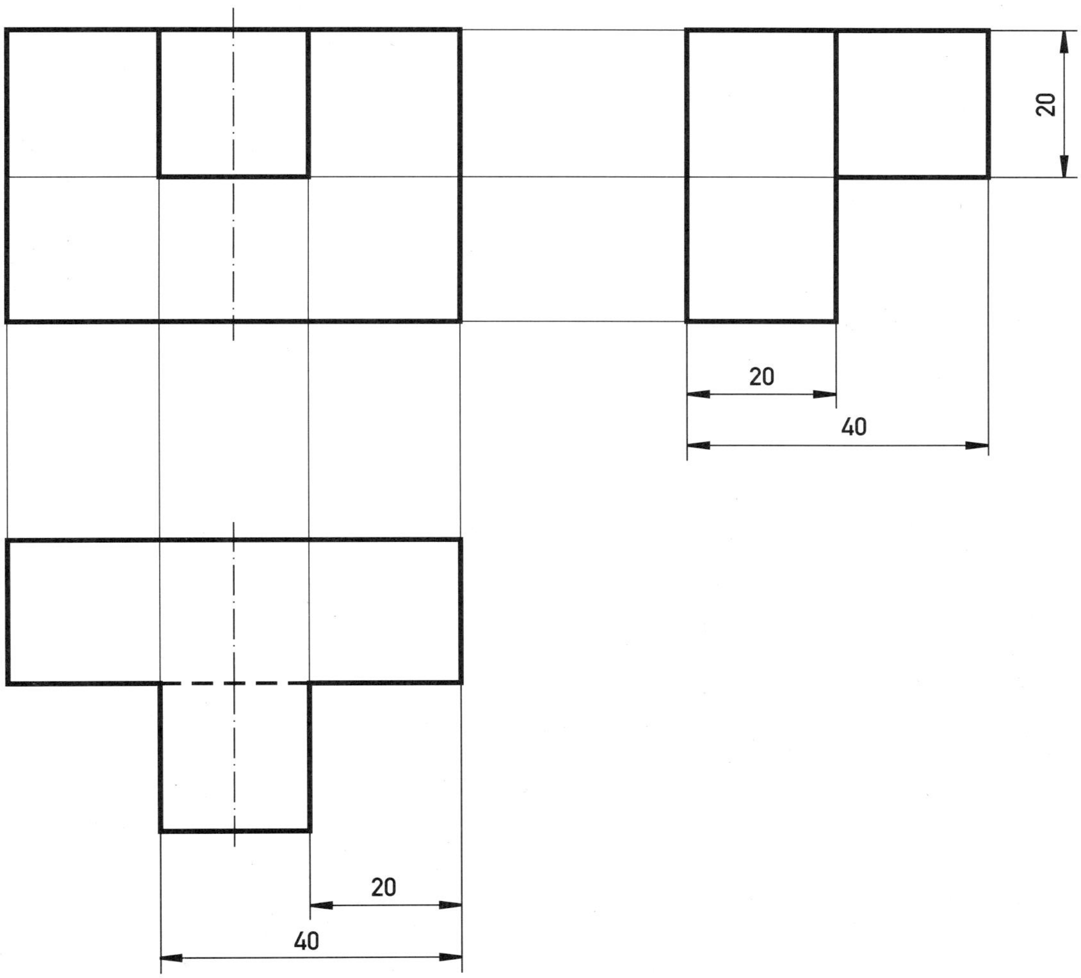

Aufgabe 30: Konstruktion von fehlenden Ansichten

4. Seitenansicht konstruieren:

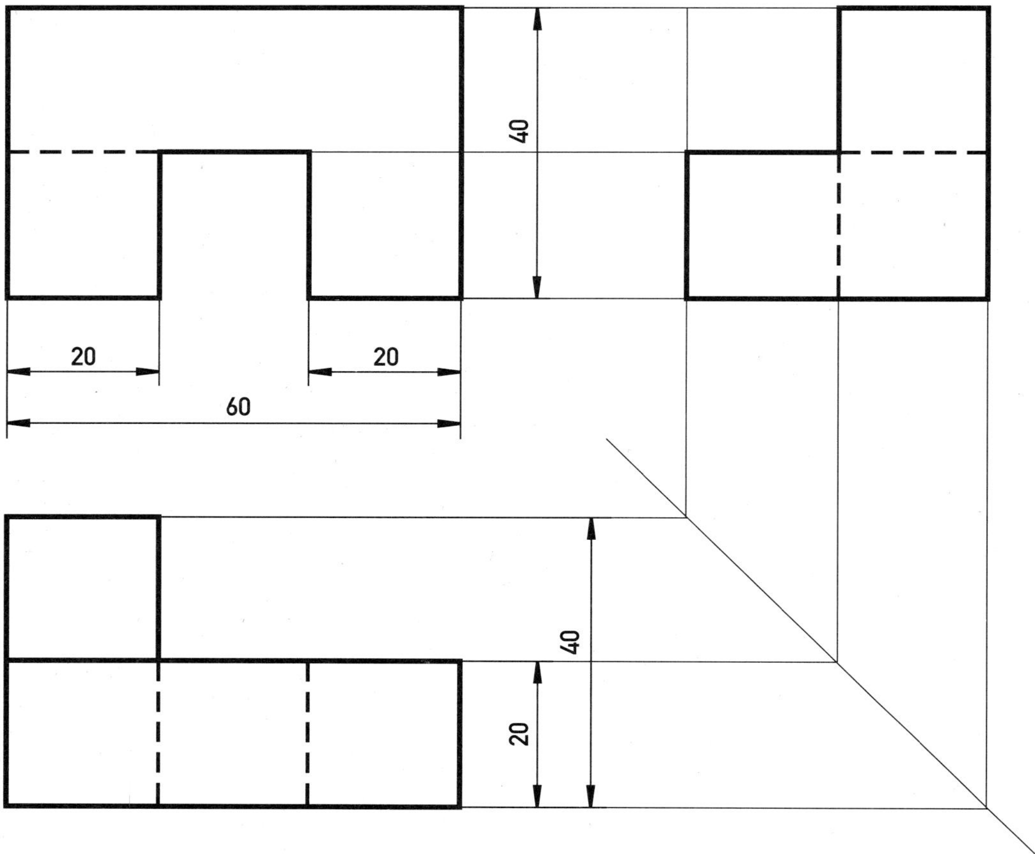

Aufgabe 31: Konstruktion einer fehlenden Ansicht

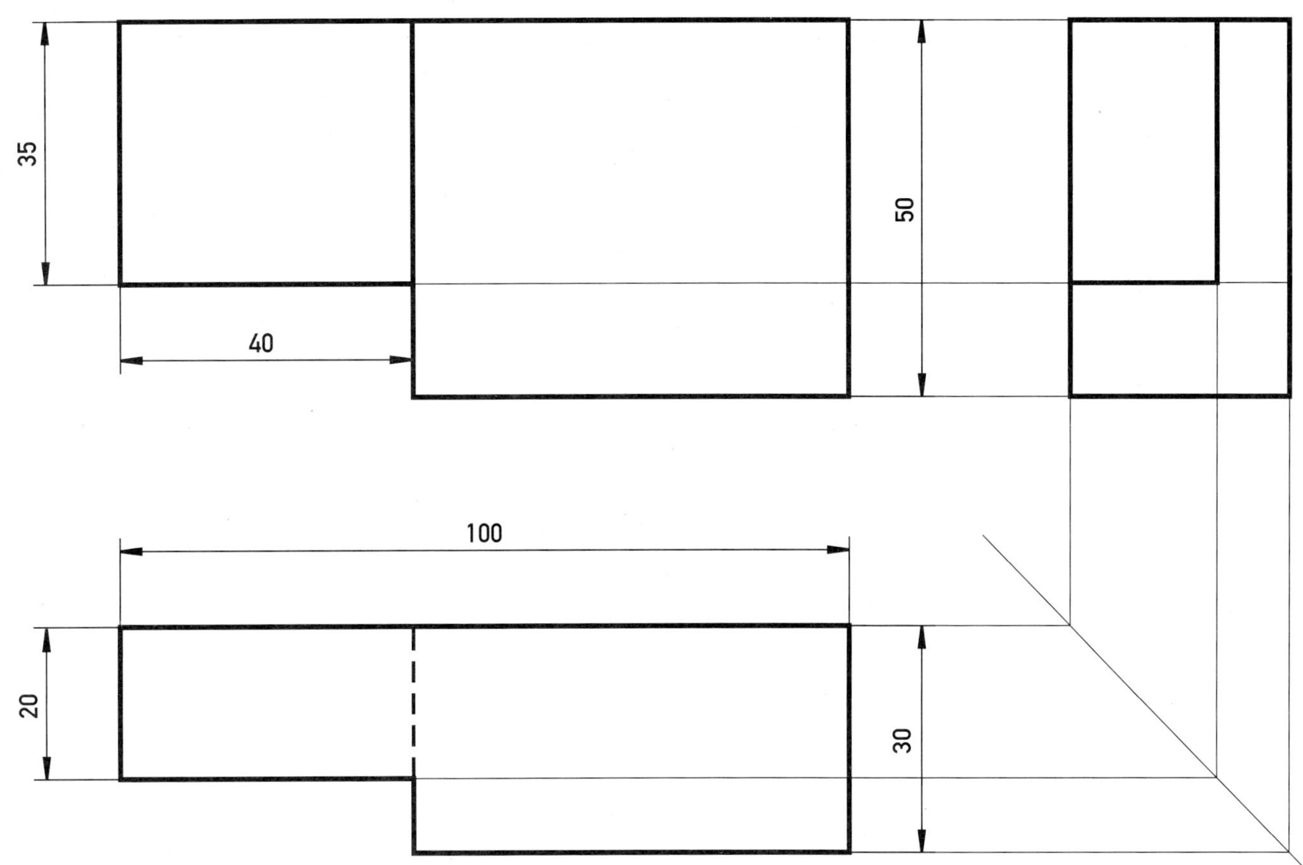

Aufgabe 32: Konstruktion einer fehlenden Ansicht

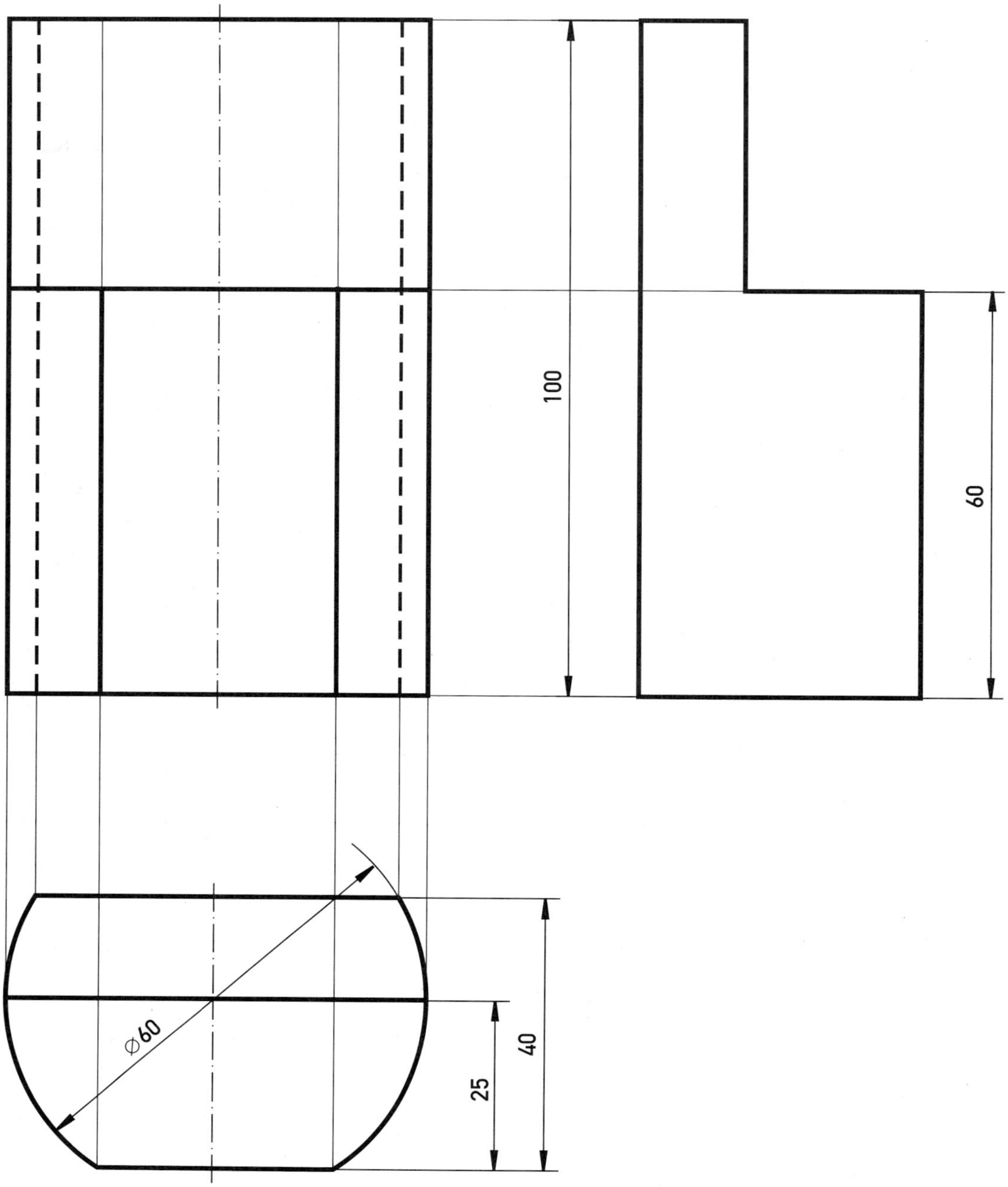

Aufgabe 33: Konstruktion einer fehlenden Ansicht

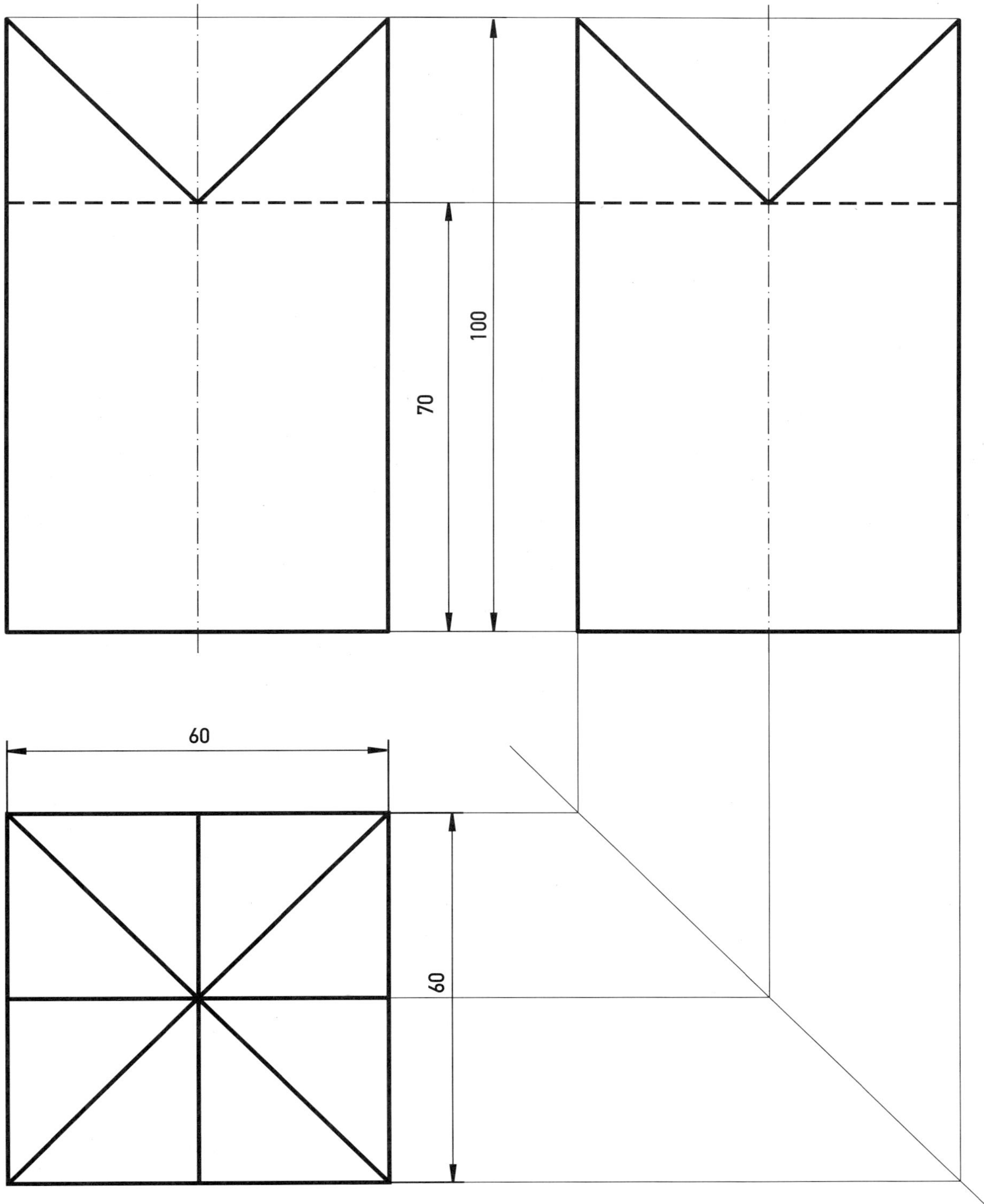

Aufgabe 34: Konstruktion einer fehlenden Ansicht

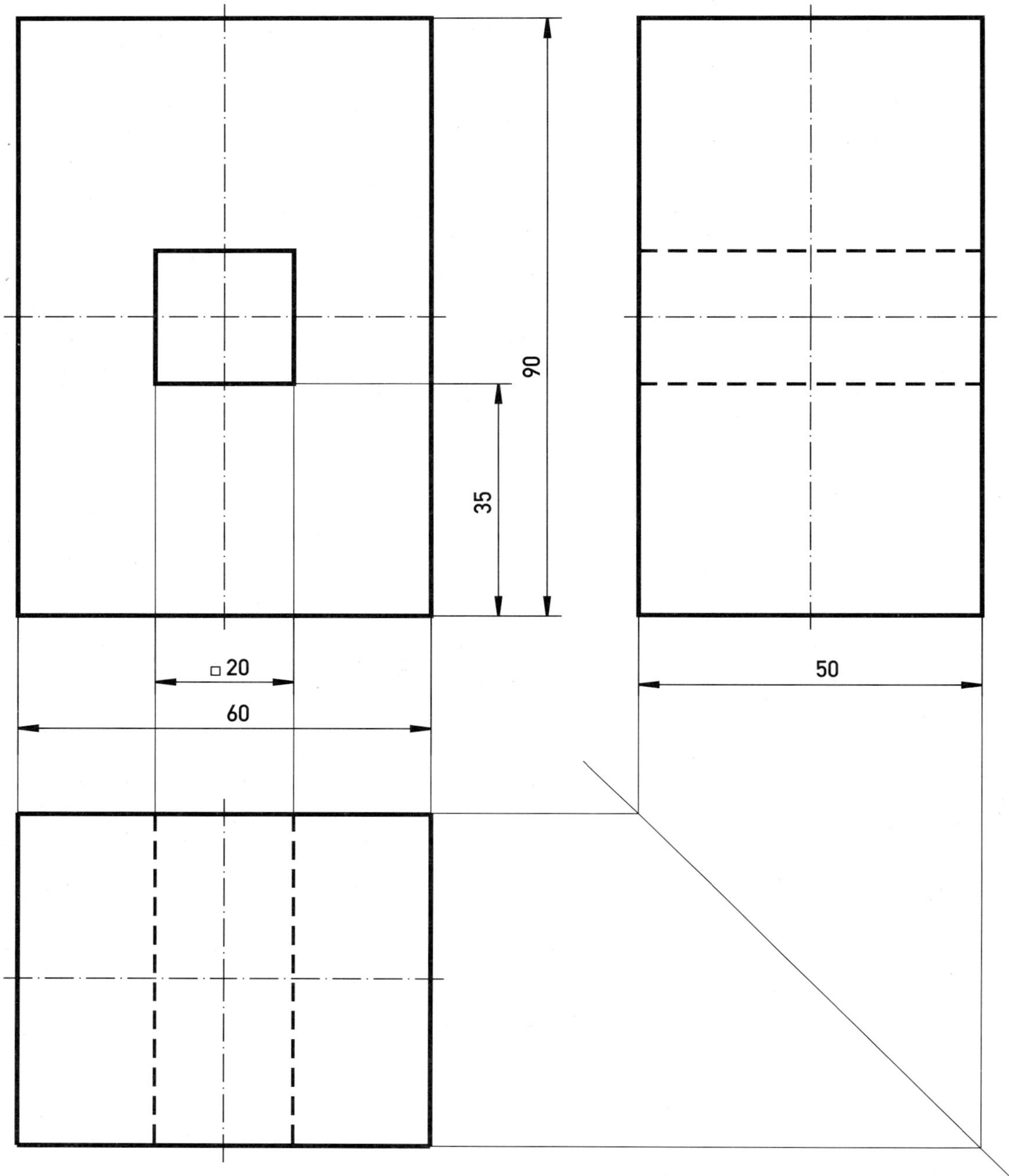

Aufgaben zur Darstellung in Parallelperspektiven
(Themenheft Seite 20 bis 21)

Durch das Herstellen von Modellen aus geometrischen Einzelelementen und deren Wiedergabe in den verschiedenen Perspektiven werden das räumliche Vorstellungsvermögen und die zeichnerischen Fertigkeiten der Schülerinnen und Schüler weiterentwickelt.
Die Schulung des räumlichen Vorstellungsvermögens ist auch mit dem Computer möglich. Die entsprechende Software (BAUWAS) wurde schon in vielen Schulen eingesetzt.

Aufgabe 35: Körper mit Aussparungen in der Kavalierperspektive darstellen
Die Kavalierperspektive ist in den DIN-Normen nicht enthalten, da sie nicht immer einwandfreie Bilder liefert. Sie ist allerdings die einfachste Art Raumbilder zu zeichnen und lässt sich besonders gut auf kariertem Papier anwenden.
Die gebauten Modelle sollten beim Zeichnen so aufgestellt sein, das nur eine Körperfläche zu betrachten ist.
Die Modelle sollten nicht mehr als zwei Aussparungen aufweisen.
Die räumliche Wirkung kann durch Schattieren verstärkt werden.

Aufgabe 36: Profilstücke in der Kavalierpersektive darstellen

Profilstück links:

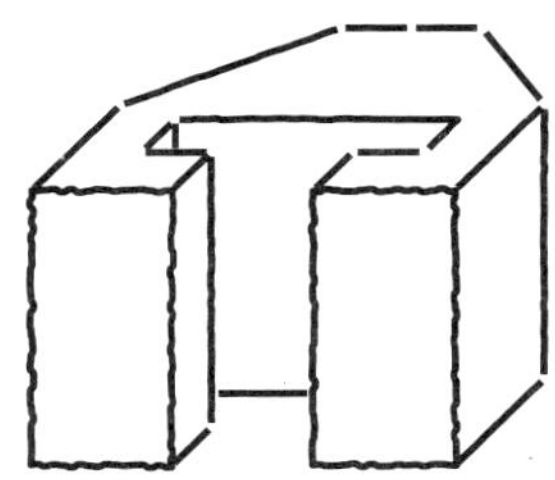

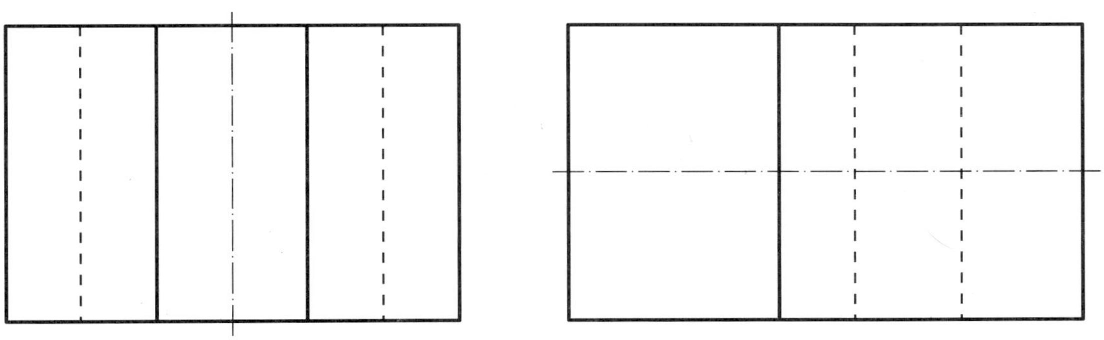

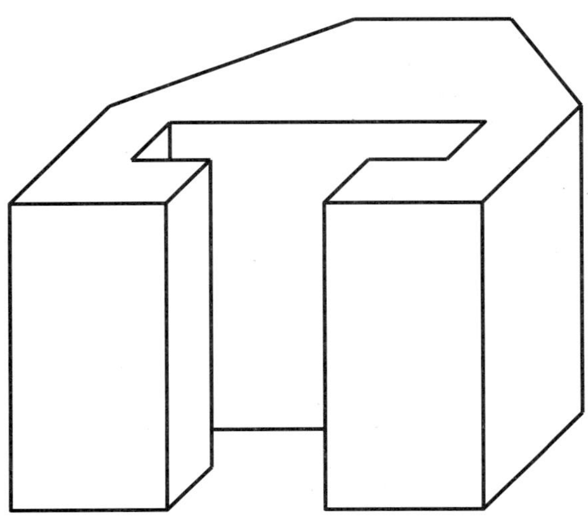

Aufgabe 36: Profilstücke in der Kavalierperspektive darstellen

Profilstück rechts:

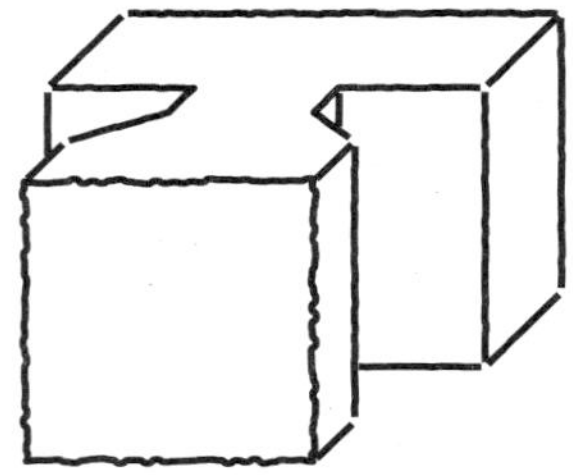

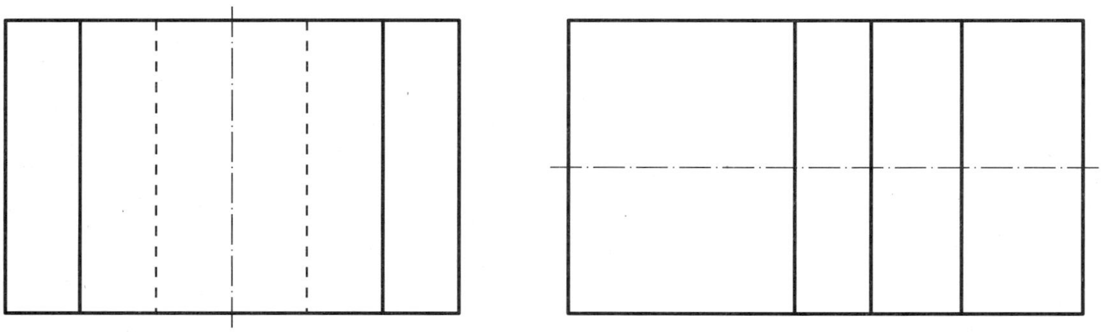

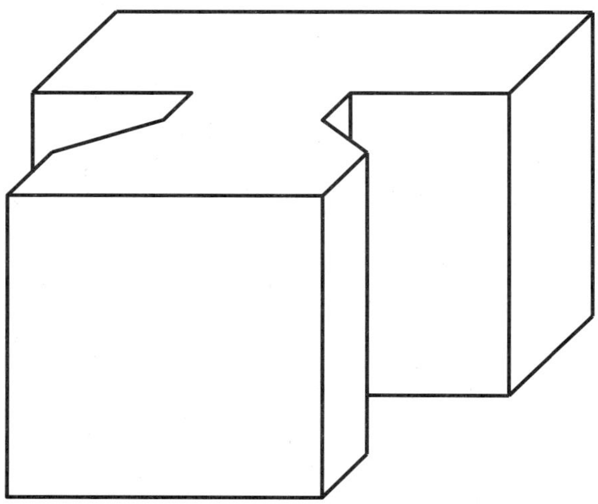

Aufgabe 37: Ein Modell in dimetrischer Darstellung zeichnen

Die dimetrische Projektion ist zu verwenden für Darstellungen, bei denen in der Hauptansicht Wesentliches gezeigt werden soll.

Ergänzende Zeichenregeln:

1. Beim Zeichnen ist von der frontalen Fläche (Vorderansicht) oder von der Grundfläche auszugehen.
2. Zur Erleichterung wird zuerst ein Achsenkreuz gezeichnet.
3. Die Höhe wird senkrecht in natürlicher Größe auf dem Achsenkreuz abgetragen.
4. Die Breite wird unter 7° zur Waagrechten ebenfalls in natürlicher Größe abgetragen.
5. Die Tiefe wird unter 42 ° zur Waagrechten und um die Hälfte verkürzt dargestellt.

Aufgabe 38: Ein Modell in isometrischer Darstellung zeichnen

Die isometrische Projektion ist zu verwenden für Darstellungen, bei denen in drei Ansichten Wesentliches klar gezeigt werden soll.

Ergänzende Zeichenregeln:

1. Das Achsenkreuz ist zur Erleichterung zuerst zu zeichnen.
2. Unter 30° nach links und rechts sowie in der Senkrechten die angegebenen Maße in natürlicher Größe abtragen.
3. Die so entstandenen Punkte miteinander verbinden.

Beim Zeichnen ist von einer Kante zwischen der Vorder- und Seitenansicht auszugehen.

Überprüfe dein Wissen
(Themenheft Seite 22)

zu 1: Fachbegriffe erklären
Die *Fertigungszeichnung* wird benötigt, um die Herstellung von Gegenständen zu planen und um zu produzieren. Sie enthält die gleichen Angaben wie die Fertigungsskizze, ist aber mittels Computer oder Zeichenplatte und Lineal zeichnerisch genau und sauber ausgeführt.

Die *Fertigungsskizze* wird benötigt um Gegenstände oder Einzelteile eines Gegenstands schnell darzustellen, sie wird freihand, meistens mit einem Bleistift, ausgeführt.
Sie enthält Angaben
- über die Abmessungen (Breite, Länge, Dicke),
- über die Lage und Maße von Teil- und Bearbeitungsformen, wie Aussparungen und Schrägen,
- über die Benennung des Werkstücks,
- zum Namen, zur Klasse/zum Kurs und zum Datum.

Der *Maßstab* gibt an, in welcher Größe das gezeichnete Werkstück in der technischen Zeichnung wiedergegeben ist. In technischen Zeichnungen werden neben dem natürlichen Maßstab (1:1) auch der Verkleinerungsmaßstab (z. B. 1:2) und der Vergrößerungsmaßstab (z. B. 5:1) verwendet.
Das Verhältnis der Abmessungen eines gezeichneten Gegenstands (Werkstück) zu seiner wirklichen Größe nennt man Darstellungsmaßstab, abgekürzt M. Er wird im Schriftfeld der technischen Zeichnung angegeben.

Flächige Werkstücke, deren Teil- und Bearbeitungsformen eindeutig sind, werden in der Hauptansicht (Vorderansicht) dargestellt. Diese Darstellungsart nennt man *Eintafelbild.*

Werkstücke wie z. B. ein Rohr oder Werkstücke, die aus mehreren Teilformen bestehen, lassen sich im Eintafelbild nicht mehr eindeutig darstellen. In technischen Zeichnungen werden solche Werkstücke in der Vorder- und Seitenansicht oder in der Vorderansicht und Draufsicht dargestellt. Diese Darstellungsart nennt man *Zweitafelbild.*

In technischen Zeichnungen müssen die Werkstücke bemaßt dargestellt werden. Als Ausgangslinien wählt man in der Regel die linke und die untere Kante eines Werkstücks und beginnt an dieser Stelle mit der Bemaßung *(Maßbezugskanten).* Fertigungsbedingt kann die Bemaßung auch an einer anderen Stelle des Werkstücks beginnen.

In technischen Zeichnungen werden die Ansichten der Werkstücke und ihre Bemaßung in genormten *Linienarten* gezeichnet, damit man das Wesentliche der Werkstücke besser erkennt, d. h. die technische Zeichnung lesen kann.
Man unterscheidet u. a. folgende Linienarten: breite und schmale Volllinie, breite und schmale Strichpunktlinie, Strichlinie und Freihandlinie.

zu 2: Zeichnungsanfertigung
a) Eintafelbild
Wenn das Eintafelbild eines Werkstücks gezeichnet werden soll, dann muss man gedanklich und zeichnerisch folgende Schritte nachvollziehen:

1. Aufzeichnen der Hüllform des Rohlings mit der 0,3 mm breiten Volllinie.
2. Einzeichnen der Formveränderungen (z. B. Aussparungen) und Überprüfen der Darstellung.
3. Radieren der überflüssigen Konstruktionslinien.
4. Jetzt oder nach der Bemaßung die Fertigform mit der 0,7 mm breiten Volllinie ausziehen.

b) Zweitafelbild
Wenn das Zweitafelbild eines Werkstücks gezeichnet werden soll, dann muss man die Blatteinteilung (Abstände zwischen den Ansichten und den Zeichenrändern) und die Lage der Ansichten zueinander beachten. Wird das Werkstück in der Vorder- und Seitenansicht dargestellt, dann wird die linke Seitenansicht des Werkstücks rechts von der Vorderansicht in gleicher Höhe gezeichnet. Wenn eine Darstellung der Vorderansicht und Draufsicht erforderlich ist, dann befindet sich die Draufsicht unter der Vorderansicht. Jetzt werden für jede Ansicht die folgenden Zeichenschritte gedanklich und zeichnerisch nachvollzogen:

1. Aufzeichnen der Hüllformen beider Ansichten mit der 0,3 mm schmalen Volllinie.
2. Einzeichnen der Formveränderungen, dabei ist auf sichtbare und verdeckte (unsichtbare) Kanten zu achten; Überprüfen der Darstellung.
3. Radieren der überflüssigen Konstruktionslinien.
4. Ausziehen der verdeckten Kanten mit der 0,5-mm-Strichlinie.
5. Evtl. Ausziehen von Mittellinien und/oder Lochkreisen mit der 0,3 mm schmalen Strichpunktlinie.
6. Jetzt oder nach der Bemaßung die Fertigformen mit der 0,7 mm breiten Volllinie ausziehen.

Die Bemaßung ist fertigungsgerecht auszuführen.

zu 3: Wie wird ein Werkstück bemaßt?
Werkstücke in technischen Zeichnungen müssen bemaßt werden, da erst die Form und die Bemaßung zusammen die Herstellung eines Gegenstands ermöglichen. Bei der Bemaßung wird wie folgt vorgegangen:

1. Festlegen der Maßbezugskanten,
2. Ziehen der Maß- und Maßhilfslinien (schmale Volllinien),
3. Zeichnen der Maßlinienbegrenzungen (z. B. Pfeile),
4. Eintragen der Maßzahlen (immer das Originalmaß) und bei Eintafelbildern der Dicke des Werkstücks.

Bei der Bemaßung ist darauf zu achten, dass jede Abmessung nur einmal bemaßt wird. Es sollte nur eine Maßlinienbegrenzungsart verwendet werden.

zu 4: Ausfüllen eines Schriftfeldes
Die Eintragungen im Schriftfeld werden in Normschrift ausgeführt. Ausnahme: Der Name kann auch als leserliche Unterschrift eingetragen werden. Es dürfen keine Angaben vergessen werden.

zu 5: Darstellungsarten erklären
In technischen Zeichnungen werden Werkstücke im Ein-, Zwei- oder Dreitafelbild dargestellt.
Die Werkstücke können aber auch räumlich in den drei Darstellungsarten
1. Kavalierperspektive (keine DIN-Norm),
2. dimetrische Darstellung und
3. isometrische Darstellung gezeichnet werden.

Durch das Raumbild können mehrere Flächen eines Gegenstands anschaulich in einer einzigen Abbildung dargestellt werden.
In der *Kavalierperspektive* und der *Dimetrie* wird die Vorderseite der Darstellung betont. Weist sie Kreise auf, werden diese auch als solche gezeichnet. Die Seiten werden im Verhältnis a : b : c = 1 : 1 : 0,5 gezeichnet.
Bei der *Kavalierperspektive* hat die Seite c einen Winkel von 45° zur x-Achse.
Bei der *Dimetrie* hat die Seite a einen Winkel von 7° und die Seite c einen Winkel von 42° zur x-Achse.
Die *Isometrie* dagegen lässt alle drei Seiten gleich wichtig erscheinen. In allen Seiten wird der Kreis zur Ellipse. Die Seiten werden im Verhältnis a : b : c = 1 : 1 : 1gezeichnet. Die Seiten a und c haben je einen Winkel von 30° zur x-Achse.

zu 6: Regeln für den Platzbedarf bei räumlichen Darstellungen
Um auch bei räumlichen Darstellungen eine möglichst zentrische Anordnung zu erreichen, wird der Platzbedarf wie folgt errechnet:
Kavalierperspektive:
Höhe + halbe Tiefe und Breite + halbe Tiefe,
Dimetrie:
Höhe + halbe Tiefe und Breite + halbe Tiefe,
Isometrie:
Höhe + halbe Breite + halbe Tiefe und Breite + Tiefe.

zu 7: rechtwinklige Parallelprojektion erklären
Mit der rechtwinkligen Parallelprojektion lassen sich Punkte, Strecken, Flächen und Körper auf einer dahinter liegenden Ebene zweidimensional abbilden. Parallele Projektionsstrahlen treffen rechtwinklig auf die Eckpunkte, Kanten und Flächen des Körpers. Sie ergeben ein genaues und maßgerechtes Abbild auf der Projektionsebene.
Um einen Körper eindeutig darzustellen, sind meist drei Abbildungen (Projektionen bzw. Ansichten) erforderlich. Entsprechend werden drei Projektionsebenen benötigt, die rechtwinklig zueinander angeordnet sind.

zu 8: Reihenfolge bei der Konstruktion eines Dreitafelbilds
Für die Konstruktion von Dreitafelbildern gibt es verschiedene Varianten in der Vorgehensweise, allen gemeinsam ist jedoch, die Zeichenfläche in vier Quadranten aufzuteilen.
Es werden im 1. Quadranten die Seitenansicht, im 2. Quadranten die Vorderansicht, im 3. Quadranten die Draufsicht konstruiert. Im 4. Quadranten wird die Spiegelungsachse (Winkelhalbierende), die für die Konstruktion der Seitenansicht und der Draufsicht benötigt wird, eingezeichnet.

Sind zwei Ansichten bekannt, werden diese in die entsprechenden Quadranten gezeichnet. Von der zu konstruierenden Ansicht wird die Hüllform gezeichnet. Der Abstand zwischen den Ansichten muss gleich groß sein.
Wenn die Seitenansicht oder die Draufsicht zu konstruieren ist, dann wird die Spiegelungsachse eingezeichnet. Sie verbindet die verlängerten Begrenzungslinien der Draufsicht (vom 3. in den 4. Quadranten) mit den verlängerten Begrenzungslinien der Seitenansicht (vom 1. in den 4. Quadranten).
Um die entsprechenden Teilformen zu projizieren, werden von den Kanten der Aussparungen und Ansätze Konstruktionslinien von den vorgegebenen Ansichten in die zu konstruierende Ansicht projiziert und dort eingezeichnet.

zu 9: Zeichenblatteinteilung bei Dreitafelbildern
Für die Blatteinteilung von Dreitafelbildern gilt:
Die Ansichten müssen gleich weit voneinander entfernt sein.
Den Abstand der Zeichenfläche vom Zeichenflächenrand festlegen.
Empfehlung: Blatteinteilung durch Skizzieren auf Karopapier vorbereiten.

zu 10: Konstruktion einer fehlenden Seitenansicht

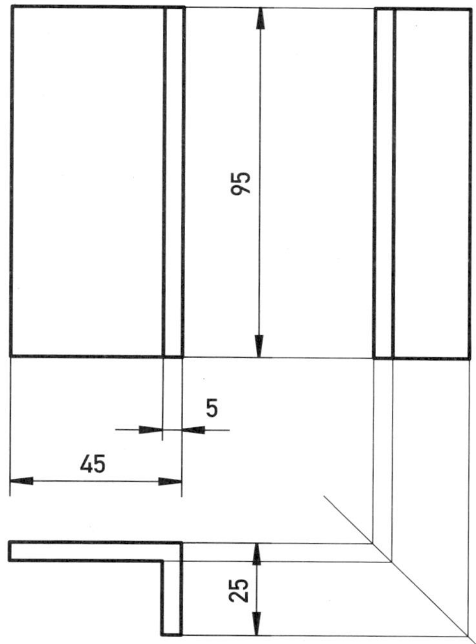

Maßstab 1:2

zu 11: Dreitafelbild einer Führung

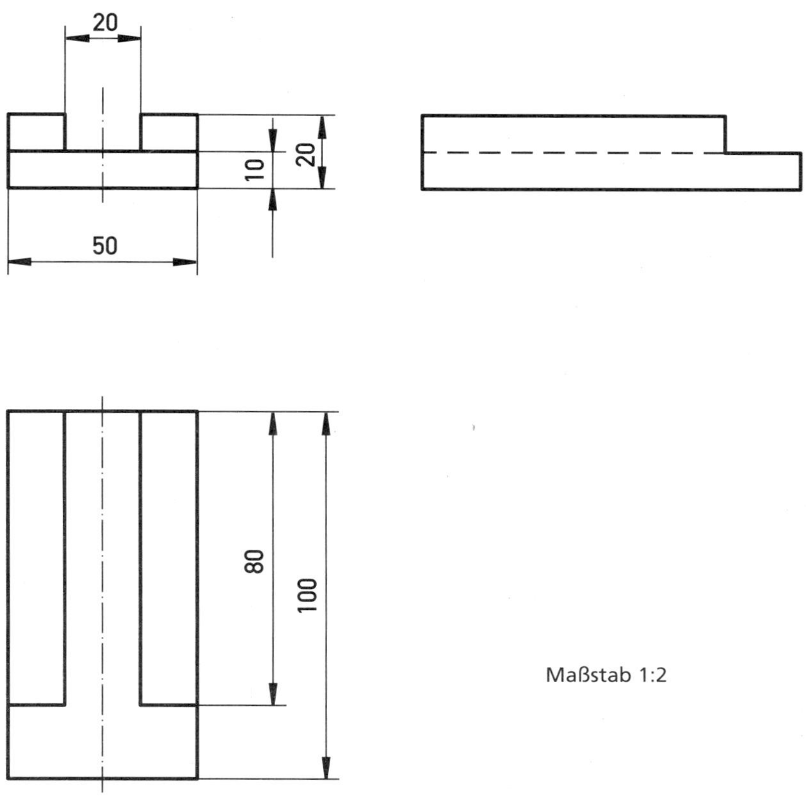

Maßstab 1:2

zu 12: Bemaßung von Bohrungen und Rundungen

Bemaßen von Rundungen
Kreisteile werden immer mit dem Radius bemaßt (siehe Abbildung). Sie erhalten in der Regel ein Mittelllinienkreuz und einen Maßpfeil. Dieser wird bei großen Radien von innen an den Kreisbogen gezogen. Bei kleinen Radien wird der Maßpfeil von außen angetragen und die Maßlinie bis zum Mittelpunkt durchgezogen (R5). Die Kennzeichnung des Mittelpunkts kann bei sehr kleinen Radien entfallen (R2).

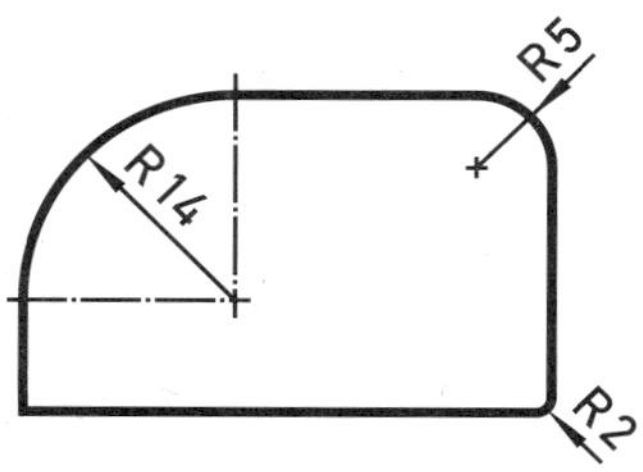

Bemaßen von Bohrungen
Mittellinien von Bohrungen werden von Bezugskanten bzw. Bezugslinien aus bemaßt (Abb. 3). Bemaßt werden Durchmesser und – mit Ausnahme von Durchgangsbohrungen – ihre Tiefe.

Sind Durchmesser als Kreise zu sehen, werden sie in der Regel an diesen Kreisen bemaßt. Je nach ihrer Größe kann das auf verschiedene Weise geschehen:
- am Kreis direkt mit durchgezogener Maßlinie und Maßpfeil oder mit Bezugslinie (Abb. 1).
  In Eintafelbildern kann außerdem durch einen Zusatz die Tiefe angegeben werden (Abb. 4).
- außerhalb des Kreises zwischen Maßhilfslinien (Abb. 2).
- im Kreis (Abb. 3). Zum Eintragen der Maßzahl dürfen Mittellinien unterbrochen werden.

Sind Bohrungen nicht als Kreis sichtbar, so kann man sie wie in Abb. 4 vereinfacht darstellen und bemaßen.
In Abb. 5 sind die Bohrungen mit Strichlinien dargestellt. Die Strichlängen sind zwischen 3 und 4 mm lang, Lücken etwa 2 mm.
Werden sichtbare Kanten mit der 0,7 mm breiten Volllinie gezeichnet, sollten Strichlinien 0,3 mm breit sein.
An Strichlinien wird in der Regel nicht bemaßt (Abb. 5). Zum Bemaßen wird das Werkstück gedanklich „aufgebrochen“ und ein Teilschnitt angebracht (Abb. 6). Dieser Teil wird dann mit der schmalen Volllinie unter 45° schraffiert.

1
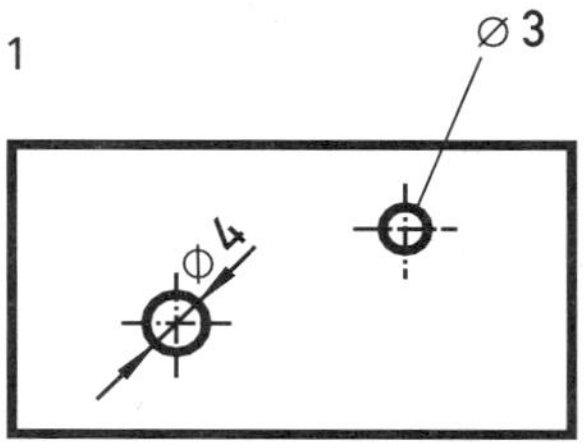

2
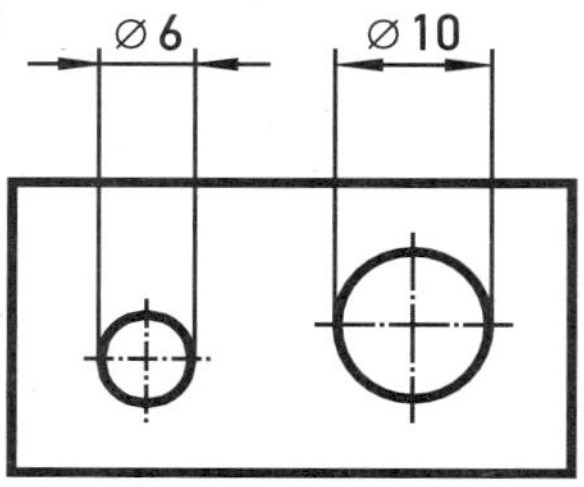

3
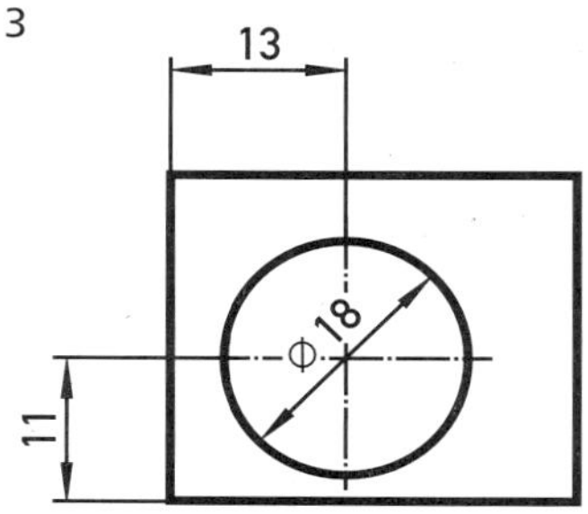

4
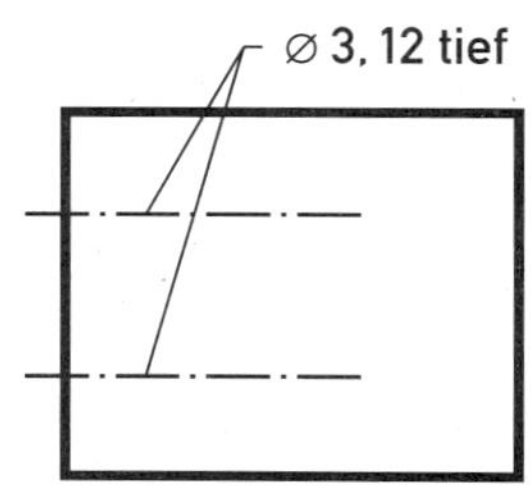

5
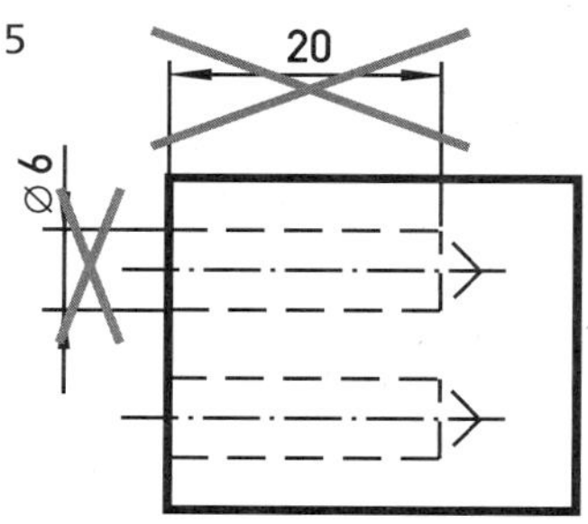

6
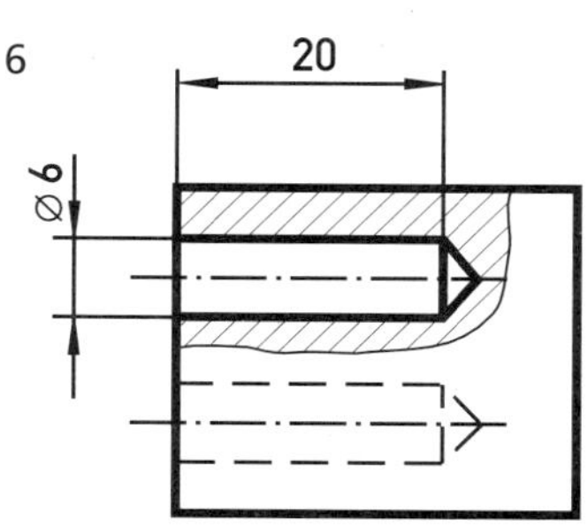

zu 13: Woran erkennt man Schnitte und Gewinde in technischen Zeichnungen?
Schnittdarstellungen in technischen Zeichnungen erkennt man an schraffierten Schnittflächen, die als schmale Volllinien unter 45° zum unteren Zeichenflächenrand durchgezogen werden. Die Lage der Schnittebene wird durch eine breite Strichpunktlinie gekennzeichnet.
Bisher verdeckte Kanten sind jetzt sichtbar und werden daher als breite Volllinie ausgeführt.

Gewindedarstellungen in technischen Zeichnungen werden bei Innengewinden in der Regel im Schnitt dargestellt. Die Gewinde-Nenndurchmesser werden als schmale Volllinien um die Kernlochbohrungen (breite Volllinie) in der Länge des Gewindes gezeichnet.
Bei Außengewinden werden die Gewinde-Nenndurchmesser als breite Volllinien um die Kernlochbohrungen (schmale Volllinien) in der Gewindelänge ausgeführt.

zu 14: Faustregeln
Werden technische Zeichnungen als „Bleistiftzeichnungen" ausgeführt, dann stehen *Holzbleistifte* mit harten und weichen Minen (z. B. H- und HB-Minen) oder *Feinminenstifte* mit 0,3 mm, 0,5 mm und 0,7 mm Strichstärken zur Verfügung.
Die Holzbleistifte müssen gut angespitzt unter einer Neigung und Drehen bei gleichmäßigem Druck in Richtung der Linienführung eng an der Linealkante entlang gezogen werden. Zum Vorzeichnen verwendet man einen Holzbleistift mit harter Mine (geringer Druck) oder einen Feinminenstift mit einer Strichstärke von 0,3 mm.
Die Feinminenstifte werden eng und gerade an der Linealkante entlang gezogen.

Bei der Arbeit mit dem *Zirkel* sollten Zentrierspitze und die angeschliffene Zirkelmine (schräge Seite nach außen) senkrecht auf dem Zeichenblatt stehen.

Bei der Verwendung einer *Zeichenplatte* wird das Zeichenblatt randparallel bzw. rechtwinklig ausgerichtet. Zum genauen Zeichnen sind die Messskalen auf dem Lineal und der Klemmschiene zu benutzen. Um Ablesefehler (Parallaxenfehler) zu vermeiden ist ein gerades Ablesen notwendig.

Bei Verwendung von *Schablonen* muss das Lineal, das in den Nuten oder Stegen geführt wird, festgestellt werden.

zu 15: Was ist CAD und wo wird es eingesetzt?
Unter CAD (**C**omputer **A**ided **D**esign) versteht man das Entwickeln und Konstruieren, u. a. die Zeichnungserstellung, von Produkten mithilfe von Computern in den Betrieben.

zu 16: Beschreibe einen CAD-Arbeitsplatz
Ein CAD-Arbeitsplatz besteht aus Hard- und Softwarekomponenten, damit aus einem Computer ein Zeichen- und Konstruktionswerkzeug wird.

zu 17: Woraus besteht die Hardware für einen CAD-Arbeitsplatz?
Die Hardware eines CAD-Arbeitsplatzes besteht aus den Eingabegeräten: PC, Tastatur, Tablett, elektronischer Stift.
Als Ausgabegeräte verwendet man: Text- und Grafikbildschirme, Plotter und Drucker.

zu 18: Welchen Vorteil hat CAD gegenüber dem manuellen technischen Zeichnen?
Beim Einsatz von CAD-Systemen können die Werkstücke z. B. bewegt räumlich dargestellt, Durchdringungen, Schnitte und Schrägbilder gezeigt, schneller mehrere Objekte zu Bauteilgruppen zusammengeführt, schneller Gesamtzeichnungen, Explosionsdarstellungen, Teilzeichnungen von mehrteiligen Modellen und Teilelisten entwickelt und ausgedruckt werden (siehe auch Themenheft Seite 52/53).

zu 19: Mit welchen Darstellungen kann beim Einsatz einer CAD-Software gearbeitet werden?
Bei entsprechender Software kann mit zweidimensionalen (2-D) oder dreidimensionalen (3-D) Systemen gearbeitet werden. Die Produkte können in flächiger und/oder räumlicher Darstellung entwickelt und gezeigt werden.

zu 20: Erkläre drei Änderungsfunktionen
Die CAD-Software beinhaltet auch Änderungsfunktionen, mit denen Geometrieelemente durch den Befehl *Verschieben* aus ihrer ursprünglichen Lage zum Zielort verschoben, durch den Befehl *Kopieren* vervielfacht, durch den Befehl *Spiegeln* vervollständigt werden.

zu 21: Wie werden Zeichnungen mit der Ebenentechnik erstellt?
Wenn technische Zeichnungen mithilfe der Ebenentechnik erstellt werden, dann wird das Werkstück in seine sichtbaren und unsichtbaren Körperkanten, Symmetrielinien, ... sowie in seine Bemaßung zerlegt. Diese Ebenen werden jeweils auf eine „Folie" gezeichnet, weil so ein übersichtliches Konstruieren möglich wird.

Der Rahmen und das Schriftfeld werden ebenfalls auf eine Folie gezeichnet.
Bei Bedarf können die einzelnen Ebenen ein- und ausgeblendet werden.
Die Gesamtzeichnung wird durch Einblenden aller Ebenen (Folien) sichtbar und kann auch farbig gestaltet werden.

zu 22: Wozu benötigt man technische Texte?
Damit ein technisches Produkt, z. B. eine Maschine, ein Gerät, ..., fachgerecht angefertigt, zusammengebaut, bedient, gepflegt und gewartet oder repariert werden kann, müssen neben der technischen Zeichnung auch technische Texte erstellt werden.

zu 23: Welche Anforderungen werden an Technische Zeichner/Zeichnerinnen gestellt?

Wer als Technischer Zeichner/ Zeichnerin erfolgreich arbeiten will, sollte ein räumliches Vorstellungsvermögen, technisches Verständnis und manuelles Geschick besitzen. Er/Sie sollte im Team eigenverantwortlich arbeiten können und auch gerne Büroarbeiten ausführen.

zu 24: In welchen Fachrichtungen werden Technische Zeichner/Zeichnerinnen ausgebildet und welche Aufgaben haben sie auszuführen?

1. Maschinen- und Anlagentechnik
Entwicklung von neuen Produkten wie z. B. Maschinen und Geräte für den privaten und industriellen Gebrauch
Neubau, Entwicklung und Modernisierung von Fahrzeugen aller Art, z. B. Schiffbau, Automobilbau, Flugzeugbau, Spezial-Fahrzeugbau

2. Heizungs-, Klima- und Sanitärtechnik
Umbau bzw. Modernisierungsmaßnahmen an Heizungs-, Klima- und Sanitäranlagen entsprechend dem Stand der Technik
Entsorgen von flüssigen oder gasförmigen Abfallstoffen

3. Stahl- und Metallbautechnik
Neu-, Umbau- oder Verschönerungsmaßnahmen von Bauwerken wie Industrieanlagen, Gebäuden, Brücken etc.
Energiespar- und Schallschutzmaßnahmen an Gebäuden und Industrieanlagen

4. Elektrotechnik
Planung und Entwurf von elektrotechnischen und elektronischen Schaltplänen für alle Bereiche des täglichen Lebens sowie für Industrie und Technik

Planung und Ausführung im Bereich der Elektroinstallations- und Kommunikationstechnik

5. Holztechnik
Herstellung und Gestaltung von Möbeln sowohl als Einzelanfertigung als auch in der industriellen Produktion
Gestaltung von Innen- und Außentüren, Fenstern sowie Planung und Ausführung von Fachwerken und Dachkonstruktionen

Literatur

Breyer, H.: Was ist eine gute oder schlechte Zeichnung?, in tu Zeitschrift für Technik im Unterricht, Nr. 67, 1993, Seite 45 bis 46

Koch/Seifarth: Skizzieren im Technikunterricht, Teil 1, in: tu Zeitschrift für Technik im Unterricht, Nr. 67, 1993, Seite 40 bis 44

Koch/Seifarth: Skizzieren im Technikunterricht, Teil 2, in tu Zeitschrift für Technik im Unterricht, Nr. 68, 1993, Seite 25 bis 30

Kosack/Müllerschön: Problemorientiertes Technisches Zeichnen, in tu Zeitschrift fürTechnik im Unterricht, Nr. 66, 1992, Seite 13 bis 15

Maier, Peter H.: Räumliches Vorstellungsvermögen, Auer Verlag, Donauwörth 1999

Meschenmoser, H.: Technische Dokumentation im Unterricht – ein Problemaufriß, in: arbeiten + lernen Technik, Nr.19, 1995, Seite 4 bis 6

Meschenmoser, H.: Raumvorstellung entwickeln, in: arbeiten + lernen Technik, Nr. 19, 1995, Seite 7 bis 11

Schmayl, W./Wilkening F.: Technikunterricht, Verlag Julius Klinkhardt, Bad Heilbrunn 1995